和谐校园文化建设读本

中学生学法漫谈

徐 影 尤金艳/编著

吉林教育出版社

图书在版编目(CIP)数据

中学生学法漫谈 / 徐影，尤金艳编著. — 长春：
吉林教育出版社，2012.6（2022.10重印）
（和谐校园文化建设读本）
ISBN 978-7-5383-8959-3

Ⅰ. ①中… Ⅱ. ①徐… ②尤… Ⅲ. ①中学生—学习
方法 Ⅳ. ①G632.46

中国版本图书馆 CIP 数据核字（2012）第 116129 号

中学生学法漫谈
ZHONGXUESHENG XUEFA MANTAN　　　　　徐　影　尤金艳　编著

策划编辑　刘　军　　潘宏竹
责任编辑　张　瑜　　　　　　　　　　　装帧设计　王洪义

出版　吉林教育出版社（长春市同志街 1991 号　邮编 130021）
发行　吉林教育出版社
印刷　北京一鑫印务有限责任公司

开本　710 毫米×1000 毫米　1/16　　印张　12.5　　字数　159 千字
版次　2012 年 6 月第 1 版　　印次　2022 年 10 月第 3 次印刷
书号　ISBN 978-7-5383-8959-3
定价　39.80 元

编　委　会

主　　编：王世斌

执行主编：王保华

编委会成员：尹英俊　尹曾花　付晓霞

　　　　　　刘　军　刘桂琴　刘　静

　　　　　　张　瑜　庞　博　姜　磊

　　　　　　潘宏竹

　　　　　　（按姓氏笔画排序）

总 序

千秋基业，教育为本；源浚流畅，本固枝荣。

什么是校园文化？所谓"文化"是人类所创造的精神财富的总和，如文学、艺术、教育、科学等。而"校园文化"是人类所创造的一切精神财富在校园中的集中体现。"和谐校园文化建设"，贵在和谐，重在建设。

建设和谐的校园文化，就是要改变僵化死板的教学模式，要引导学生走出教室，走进自然，了解社会，感悟人生，逐步读懂人生、自然、社会这三本大书。

深化教育改革，加快教育发展，构建和谐校园文化，"路漫漫其修远兮"，奋斗正未有穷期。和谐校园文化建设的研究课题重大，意义重要，内涵丰富，是教育工作的一个永恒主题。和谐校园文化建设的实施方向正确，重点突出，是教育思想的根本转变和教育运行机制的全面更新。

我们出版的这套《和谐校园文化建设读本》，既有理论上的阐释，又有实践中的总结；既有学科领域的有益探索，又有教学管理方面的经验提炼；既有声情并茂的童年感悟；又有惟妙惟肖的机智幽默；既有古代哲人的至理名言，又有现代大师的谆谆教诲；既有自然科学各个领域的有趣知识；又有社会科学各个方面的启迪与感悟。笔触所及，涵盖了家庭教育、学校教育和社会教育的各个侧面以及教育教学工作的各个环节，全书立意深邃，观念新异，内容翔实，切合实际。

我们深信：广大中小学师生经过不平凡的奋斗历程，必将沐浴着时代的春风，吸吮着改革的甘露，认真地总结过去，正确地审视现在，科学地规划未来，以崭新的姿态向和谐校园文化建设的更高目标迈进。

让和谐校园文化之花灿然怒放！

本书编委会

目录

上篇 学而有道 才知奇妙

下篇　量体裁衣　因“科”制宜

上篇　学而有道　才知奇妙

第一章　对自己充满信心

信心是获取知识的力量。一旦拥有这种力量，什么困难都无法阻止你前进的步伐。当你认为可能，就有实现的可能；当你认为不可能，就永远没有希望。很多人碌碌一生，不是他们做不到，而是不去做；不是他们不愿去做，而是从内心上认为自己做不到，所以不敢去做。对自己充满信心，勇敢去做，你离成功就不远了！

要有积极的心态

世间万事万物，都可用两种观念去看它：一个是正的，积极的；另一个是负的，消极的。该怎么看，这一正一反，就是心态，它完全决定于你自己的想法。积极的心态可使人积极进取，有朝气，有精神。消极的心态则使人沮丧、难过，没有主动性。

下面是一则寓言故事，两粒相同的沙石得到不一样的结果，这其中"心态"很重要。

两粒微小的沙石，静卧在河滩上。

突然，一粒沙石坚定地说："我不能再以渺小自居，我要改变，我要变得昂贵。"

另一粒沙石听了，笑道："别做白日梦了，即使你有一千个一万个决心，也难以改变渺小与平凡这个与生俱来的现实。安于现状吧，不是我们不想改变，而是实在难以改变。"

第一粒沙石不为所动，反而更加坚定地说："只要敢于改变，一切皆有可能。唯有自甘渺小、不思进取者，才会墨守成规。"

另一粒沙石听了，更加嘲笑道："一个人妄想有所得，却最终没有所得，那叫做痴心妄想。"

第一粒沙石不再争辩，一阵狂风吹过，它便借势跃入水中。它在水中翻滚着，一览水下的世界，不禁赞叹地说："不去追求前程，不去开阔视野，静如止水的生命，虽然没有了奔流翻滚的艰辛，又怎能得到惊奇的发现、辽阔的感受？"

忽有一日，这粒沙石被冲进了河蚌的体内，不知经过多少时日的挣扎与摩擦，它终于化做了一颗璀璨的珍珠。

回想起岸上的沙石，这颗珍珠感慨道："保守不前进，只能一无所得。只有追求，敢于付出，勇于改变，才会成倍、成十倍增加自己的价值。决定成败的不是环境，而是自身的思想意识。"

说一句"我能行"，你就成功了一半。这种现象在心理学上称为心理暗示。积极的心态是成功的出发点，是生命的阳光和雨露，让人的心灵成为一只翱翔的雄鹰。消极的心态是失败的源泉，是生命的慢性杀手，使人受制于自我设置的某种阴影。假如你想成功，想把梦想变成现实，请选择积极的心态，你就选择了成功的希望。

积极的心态创造人生，消极的心态消耗人生。积极的心态有助于人们克服困难，使人看到希望，保持进取的旺盛斗志。消极的心态使人沮丧、失望，对生活和人生充满了抱怨、自我封闭和限制，抹杀了自己的潜能。

人的潜力是无限的，积极的心态会让你挖掘出无穷的潜力，相反，消极的心理只会埋没掉你很多的智慧。我们在学习中也是一样的，不管在任何情况下，一定不要自己先打垮了自己，不要让负面的心理暗示束缚了自己的手脚，必须采取积极的心态面对学习。

当碰到难题时，不要习惯于说："我不会"或者"哎呀，这么难，我肯定考不好"，这种负面的心理暗示会影响你的潜能和智慧。学着用积极的心态暗示自己，在心底用肯定的语气对自己说："慢慢来，我一定会做到！"你还可以在生活中用以下的方法自我暗示：

每天清晨，面对窗外大喊几声："我能行！我是最棒的！"或者面对镜子中的自己，大声唤着自己的名字说："你一定能行！你是最棒的！"也可以经常在心里坚定地对自己说："我并不比别人差，他能学好这门课，我也一定能行！"然后找到自己的问题所在，逐一解决，相信你是最棒的！

认识自己，看重自己

桑叶在天才的手中变成了丝绸；粘土在天才的手中变成了堡垒；柏树在天才的手中变成了殿堂，它们经过人的创造，可以成百上千倍地提高自身的价值。

我们要认识自己、肯定自己。因为人怎样地认为自己，就会怎样地实现自己。志在千里，能力就在千里。志在脚下，能力就在脚下。可以确切地说，是信心的大小，决定了人生的价值。刘墉说："每个人都应从小就看重自己！在别人肯定你之前，你先肯定自己！"

下面是两个故事，思考它能给我们带来什么启发。

故事一

几亿年前，在宇宙中有一颗星球诞生。

因宇宙浩瀚无边，这颗星球谦卑地说："我不过是宇宙中的一粒微尘。"

在这颗星球上飘浮着一粒尘土，它却说："我是宇宙中一个较小的星球。"

几亿年后，生命在这颗曾经是尘土的星球上诞生。经过漫长的进化，有了人类的存在。并且，人类把这颗星球命名为地球。

在地球上，人类又分成了两部分。

一部分人说："宇宙是无限的，一颗星球在宇宙中尚且渺如尘埃，何况星球之上更加渺小的我们？"他们是自卑的、消极的。他们轻视自己，认为自己微不足道，不可能有什么大的成就。

另一部分人却说："我宁可做一粒尘土在自信中活着，也不会成为一颗星球在自卑中沮丧着，无奈着。"他们是自信的，向上的。他们坚信能够做到的事，就一定做得到。

十年后，前一部分人依旧平凡，而后一部分人却脱颖而出。

前一部分人无奈地说："在人的社会里，我们是低下的，不是我们不想向上，而是我们生来就低下，没有成就人生的能力。"

后一部分人却说："大地的骄傲在于孕育出了生命，而生命的自豪在于征服了大地。人应当有成就感，应当在某一种自豪中活着，若一味的自甘渺小，从而不求上进，那人生便真的微不足道了。"

故事二

甲坐在路边叹息着，无精打采，垂头丧气。

乙路过，问："人人都在追求着自己的所有，实现着自身的价值，你为什么无动于衷?"

甲说:"我出身贫寒,力量微小。不是我不想追求,只是有追求之心,却无前进之力。"

乙说:"此言差矣!只要有追求,就有成就。有什么样的付出,就有什么样的回报。把生命看做石头,就只能沉寂一生。把生命看做金子,终有一天会发出光芒。眼下并不代表永远,有什么样的追求,人生就会有什么样的改变。"

甲说:"一块石头,它永远都是石头,即使把它比做金子,也永远只是石头一般的价值。再说,强把石头比做金子,那不是自欺欺人吗?"

乙说:"既然如此,那我去了。"说完,向大好前程追去。

甲自语道:"不如此又如何,也只有如此罢了。"

几年以后,甲还在叹息着,他更加贫困潦倒,更加苦不堪言。就在这时,乙满载胜利而归,他已成功,他已富有,他已取得了瞩目的成就。

当见到甲依旧坐在路边叹息的时候,乙感慨万千,说道:"生命的价值,不在于他既有的价值,而在于他看待人生的价值。"

原来,在追求之初,乙同样一贫如洗。

故事一中认为自己只是一粒微尘的星球最终被人类遗忘,消极自卑、轻视自己的人最终碌碌无为;认为自己是星球的尘土最终成为了孕育我们人类的地球,宁可做尘土自信活着的人最终脱颖而出。故事二中甲总是无精打采、垂头丧气,最终穷困潦倒;乙看重自己、努力奋斗,最终满载而归。谦虚是人类的一种美德,但总是看低自己的能力、认为自己无能的人,便又成为了一种错误。每个人都有着足够的能力，让他去完成自己深信可以完成的事业。

忘我是走向成功的一条捷径，在这种环境中，人会超越自身的束缚，释放出最大的能量。忘记自己，相信自己能行，你将体会到相信自己的快乐与骄傲感。因为决定人生高度的，不在于别人审视我们的目光，而在于我们衡量自己的标尺。当我们认为自己只是一般，那我们就永远只是一般中的人物，一般的能力，一般的人生，甚至可以被忽略不计。但如果我们真的相信自己可以变得更好时，相信我们就是最好。

在学习中，首先，你可以确立每一天、每一周、每一月、每一年，甚至一生的目标。在制订目标时，可以参考过去最好的成绩。例如：数学考试最高得过 90 分，分析试卷中还有哪些是可以争取得的分，在下一次就可以给自己定下这样的目标，不要担心目标会过高，因为低标准更可能取得较低的成绩。也许在达到目标以前可能屡受挫折，但是请不要灰心，摔倒了，再爬起来。

其次，要敢于宣告自己的目标。定下目标后，请告诉自己的同学、朋友、父母甚至是老师，虽然大家可能会因此嘲笑你，但会倾听你的计划，了解你的梦想。君子一言，驷马难追。因为你无可逃遁，除非兑现自己的诺言。

最后，你必须勤奋刻苦，再接再厉，不断超越自己。这样，你才能实现自己的目标，成为自己的预言家。当实现自己的目标时，大家都会惊叹的！

和自己比，其乐无穷

世上最大的敌人就是你自己。我们每个人心中都有很多山，其中最高的那座是你自己。你必须相信自己、肯定自己。你不需要和别人比什么，最高的境界是和自己比。不要以为自己就这么差劲，每个人都有自己的特点，每个人都是独一无二的奇迹。和自己比，其乐无穷。

下面是一则有关"寸"与"尺"的寓言，可以给我们带来一些反思。

"寸"因那段短短的长度，自卑着。它羡慕尺，因为那"飞流直下三千尺，疑是银河落九天"的气魄。它羡慕尺，因为那"壁立千仞，无欲则刚"的豪情。但它更叹息着，因为那是它永远也不可及的。它没有资格去衡量那世间一切宏伟的事物，它只是一个衡量微小的标志。

一阵风儿吹过，得知"寸"的苦恼，便安慰它说："尺有所短，寸有所长。不要只看到别人的长处，而忽略自己应有的价值。"

"寸"听了，略有宽心，但当见到尺的时候，便又悲从中来。因为，"尺"对它说："寸再长，也长不过尺。寸的价值再大，也永远大不过尺。所谓的尺有所短，寸有所长，不过是那些不如尺的长度之物，为了减轻自卑的心理负担，而寻找到的一种自慰的方式。"

为此，"寸"又陷入了自卑中，无精打采，消极应世。这时，天上有一片浮云飘过，见"寸"如此低迷，便向它说道："什么样的心情，就有什么样的世界；什么样的价值观，就会得到什么样的价值。正如我这一片浮云，消极者见了，会称我为愁云，积极者见了，则会称我为祥云。其实，我就是一片浮云，只是他们看我的角度不同，因而结局各异。"

"寸"听了，顿时又雄心焕发，不再自怨，也不再自卑，因为它懂得了一个道理，沙漠虽大，但黄金依然昂贵。尺虽然比寸长，但寸却比尺更精准。

什么样的定位，就注定了什么样的结局。终于，"寸"找到了衡量生命价值的语句，那就是："一寸光阴一寸金，寸金难买寸光阴。"

诚然我们需要借助别人来认识自己，但是不停地拿自己去和别人比，这绝对是错误的。尺有所短，寸有所长，不必拿自己的缺点与别人的优点作比较，因为没有谁可以号称完美。人生最大的缺憾就是拿自己和别人相比。和高人相比使我们自卑；和庸人相比使我们骄傲。外来的比较是我们动荡不能自在的来源，也使得大部分的人都迷失了自我，障蔽了自己心灵原有的馨香。

在学校里，那么多同学在一起学习，竞争是不可避免的。而且，由于种种原因，每个人的学习情况总是有差异的，尤其是每次考试后，大家都会有意无意的比比分数。实际上，这种比法对进步的帮助并不大。因为和分数高的同学比，容易灰心丧气，产生自卑心理；和分数低的同学比，又会沾沾自喜，容易产生骄傲情绪。每个人的环境、条件、能力各不相同，盲目攀比就是作茧自缚。

和自己比，有益于将注意力集中在解决问题上，有利于总结经验，吸取教训。例如：某次考试得了80分，不要去想别人得了多少分，分析自己的错误所在，为什么会丢掉这些分？是不会还是粗心？如果是不会，就应该把相关知识再学习一下，争取以后遇到类似问题一定都会；如果是粗心，分析为什么会粗心，是考试时注意力不集中还是其他什么原因，下次就要尽量避免再出现同类问题，不要在同一个地方摔两次跟头。

和自己比，我们更能够看清楚自己的进步。例如：第一次考了70分，经过努力，第二次考了80分。这和别人比起来也许还不是优秀的，但和自己以前的成绩相比，确实是进步了，只要每天都进步一点点，就得取得理想的成绩。

不要夸大困境和挫折

在人生路上，遇到困境、挫折在所难免。爱迪生经过无数的失败，终于发明了电灯；居里夫人经过数百次的失败，终于在一次失败中发现了元素镭……如果在失败之后就一味地夸大它，只会产生更大的挫折感和自卑心理，使自己精神颓废，陷入恶性循环。

下面是两个故事，思考它们给我们带来的启发。

故事一

同一条路，先后有三个人行走。

第一个人行至半途，就开始喋喋不休地抱怨，他认为这条路太难走了，随着抱怨的加深，他越发觉得这条路难走，每走一步都是无精打采，有气无力。因为茫然，因为疲惫，他干脆躺在了地上，再也不思进取。

不久以后，第二个人又行至半途，见第一个人躺在了地上，就问："你怎么不站起来继续前进呢？"

第一个人叹了口气，说："不是我不想走路，而是这条路太难走了，实在是让我无法前行。"

第二个人深有同感，也便附和着说："是啊，你说得太对了。"于是，便躺在了第一个人的身边。

两个人为了打发无聊的时间，他们一同吟唱起了前人之诗："行路难，行路难，多歧路，今安在？人生在世不称意，明朝散发弄扁舟。"

就在他们吟唱之时，第三个人从他们身边走过。前两个人问："你不觉得这条路太难走了吗？"

第三个人说："我没觉得，也不这么认为。这条路是多少人所向往的路，而我既然走上了，就要走得更好，走到最后。"说完，继续前行。

当第三个人走到了路的终点、获取了成功时，前两个人还在半途中叹息着。原来，路好走还是难走，不在于是什么样的路，而在于一个人用什么样的心态去走。

故事二

一条路，在入口处立有一座石碑，上面写着：失败之路！

一群人聚在入口处，这条路他们必须走，否则死路一条。

人群中，有一个人演说道："这条路，无论怎么走，注定失败。不论你勤奋也好，不论你懒惰也罢，也不管是聪明还是愚蠢，根本没有成功的可能。因为失败的路上，没有成功，只有失败。"

有一部分人茫然了，绝望了，一个注定要失败的结局，还奋斗什么，一切的抗争都变得毫无意义。他们认命了，这就是命，既然无法改变，那就接受吧。只有接受，才是最"明智"的选择。

另有一部分人松懈了步伐，散淡了欲望。既然没有了成功，也就只有走一步算一步，挨过一天算一天。他们不再奢望什么，更不敢对人生抱有更高的追求。

剩下的一部分人却斗志激昂，奋勇直前。失败的路上，有更多的失败，更多的挫折，更多的打击，更多的无奈，但他们还在追求。他们相信奇迹，相信失败的路上必有成功的存在。只要还有希望，只要希望不是零，他们就决不放弃，定要放手一搏。

终于，这三部分人同时走到了路的尽头。在出口处也立有一座石碑，上面写着：成功之路！

前面两部分人见了，后悔不迭。曾经的那个演说者惊呼道："原来这是一条成功之路，而我们却以失败的心态对待，以至于使人生失败了，荒废了大好前程。"

后一部分人成功了，他们说："通往失败的路上，只要以成功的心态去走，仍有成功的存在，甚至必然。可见，失败的不是路，而是人，没有失败的路，只有失败的人。"

故事一和故事二中都分为两类人，一类人遇到一点困难就抱怨、不思进取或随波逐流，最终只能与成功失之交臂，另一类人遇到挫折勇敢向前，保持积极的心态，最终获得成功！面对困境时的心态是决定我们成败的关键，不要随意夸大我们面临的处境。因为乐观的心态，有助于改变现状，摆脱困境，而悲观的心态，于事无补，使结果更加恶化。在困境、挫折面前，以乐观的心态分析问题，并运用自己的聪明，通过自己的行动来改变现实，这才是真正明智的做法。

当我们陷进困境时，及时转变观念，看到题目或者事情的积极面，以积极的心态面对问题，从恐慌、痛苦中摆脱出来，就能寻求到自救的办法。例如：考试没有考好，不要灰心失望，分析没有考好的原因，吸取教训，下次避免出现类似问题。如果下次还犯同样错误，也不能埋怨自己，因为越紧张越容易犯错，"在战略上藐视它，在战术上重视它"。下回放轻松点，你一定能行的。

还有，不能过分夸大自己的失败和困难，过分责备自己，不能总给自己"我总是这么失败""为什么我总紧张""我每次都粗心"这样的自我暗示，应该多一些积极的自我暗示。在心里坚定地告诉自己："我只是偶尔犯错误""我一定会做好的""我会改掉这个毛病的"。这样，你的毛病会在不知不觉中改掉，面对困难和挫折也没有那么恐惧了，成功的步伐就离你越来越近了！

增强自信的 10 种训练法

1. 树立自信的外部形象

首先，保持整洁、得体的仪表，有利于增强一个人的自信；其次，举止自信，如行路目视前方等，刚开始可能不习惯，但过一段时间后就会有发自内心的自信；另外，注意锻炼、保持健美的体形对增强自信也很有帮助。

2. 学会微笑

人在充满信心时往往春风满面，面带笑容，而人在丧失信心时往往愁眉苦脸、无精打采，面带愁容。笑是使人充满信心的表现，是人内心快乐的外部表现，笑和人的信心体验是一致的，和人的自信心相互促进，自信心使人充满微笑，微笑使人更加充满信心，两者产生相互促进作用。一个人充满了信心，他就会充满微笑，微笑使人对事物更加充满信心，信心又促使人微笑，微笑和信心相互作用，形成良好的循环。

3. 走路挺胸抬头

心理学家告诉我们，懒惰的姿势和缓慢步伐，能滋长人的消极思想；而改变走路的姿势和速度可以改变心态。人在充满信心时挺胸抬头，目视前方，走起路来步伐坚强有力，速度也稍快。人在丧失信心时会低头哈腰，走起路来无精打采，步伐软绵，速度缓慢。

所以我们需要经常挺胸抬头，走路步伐坚强有力、速度稍快，增强自信。这样信心将伴随你走过人生的道路，克服人生道路上的种种困难和险境，战胜一切困难。

4. 眼神正视别人

心理学家告诉我们：不正视别人，意味着自卑；正视别人则表露出的是诚实和自信。同时，与人讲话时看着别人的眼睛也是一种礼貌的表现。讲话时，抬起双眼，目视前方，眼神要正视别人。

5. 保持健康的体魄

注意全面的营养、注意锻炼身体、保持快乐的心境，良好的生理、心理状况会使自己产生幸福感，进而产生自信心。

6. 关注自己的优点

在纸上列下自己的 10 个优点，不论是哪方面（细心、眼睛好看等等，多多益善），在从事各种活动时，想想这些优点，并告诉自己有什么优点。这样有助你提升从事这些活动的自信，这叫做"自信的蔓延效应"。这一效应对提升自信的效果很好。

7. 与自信的人多接触

古人云"近朱者赤，近墨者黑"。这一点对增强自信同样有效。多结交一些自信的朋友，不知不觉，你也会被他们感染，变得自信起来。

8. 当众发言

卡耐基说：当众发言是克服羞怯心理、增强人的自信心、提升热忱的有效突破口。这种办法可以说是克服自卑的最有效的办法。想一想，你的自卑心理是否多次发生在这样的情况下？你应明白：当众讲话，谁都会害怕，只是程度不同而已。所以你不要放过每次当众发言的机会。

9. 众人面前显显眼

心理学家告诉我们：有关成功的一切都是显眼的。试着在你乘坐地铁或公共汽车时，在较空的车厢里来回走走，或是当步入会场时有意从前排穿过。并选前排的座位坐下，以此来锻炼自己。

10. **冒一次险**

当你做了以前不敢做的事以后，你会发现：原来做这事并没有什么了不起！这对提升自信心很有帮助。

第二章　科学用脑，为大脑做好保健

人脑是人体的司令部，是人行动的指挥所。现在社会物质条件充足，有些同学也许会想我们一样上课、一样学习，可是为什么有的人学习效率高；而有的人学习效率低，这是什么原因呢？原因在于你会不会科学用脑。讲究科学用脑，有着特殊的意义。我们学习和思维都必须用脑，而只有科学用脑，才能事半功倍，收到好的效果，下面我们一起来看看究竟该如何科学用脑。

适时为大脑补充营养

紧张的学习会消耗大量的营养物质，如果得不到及时的补充，就会使大脑受到损害。生理学家的研究告诉我们，大脑必需的营养成分主要有蛋白质、脂类、糖类、维生素和矿物质。生活中一些食物不仅有助于发展智力，使思维更敏捷，精力更集中，增强记忆力，提高学习能力，激发人的创造力和想象力，而且还可以帮助人应对压力，克服因思维迟钝引起的郁闷情绪，消除疼痛。

1. 蛋白质

脑细胞的 35% 是由蛋白质构成的，蛋白质是人体生命活动的基础物质，它也是体内细胞各种膜结构的组成成分，有执行信息传递的功能，在人的识别、神经冲动、记忆等方面起着重要作用。科学地从食品中摄取合理的蛋白质，就能增加大脑皮层的兴奋和抑制功能。许多国际象棋棋手在比赛开始前，饮食都以蛋白质为主就是这个道理。蛋白质含量丰富的食物有鱼类、大豆、鸡蛋、鸭肉、鹌鹑等。

2. 脂类

脑细胞的 60% 是由结构脂肪（不饱和脂肪酸）构成的，以结构脂肪为中心的营养法是健脑法的基础。

一般来说，动物油以饱和脂肪酸为主，植物油以不饱和脂肪酸为主。平时饮食中以植物油为主有利于增强脑机能。脂类含量丰富的食物有核桃、芝麻、黄花菜、鱼等。

3. 葡萄糖

糖类属于碳水化合物。糖类摄入人体后被分解为葡萄糖，葡萄糖是大脑工作的能源。由于神经系统中含糖量很少时，脑内贮存的葡萄糖及糖原仅够维持几分钟的正常活动，脑活动的能源必须依靠循环血液来输送葡萄糖和氧气，所以人脑对血糖的波动极为敏感，大脑每天需要 100~150 克的糖。当神经系统中含糖量很少时，必须靠血液随时供给葡萄糖。当血糖下降时，脑的耗氧量下降，轻者会感到疲倦，不能集中精力学习，重者会昏迷。尤其容易发生在不吃早餐者身上。

物极必反，过多的糖分摄入体内，会转化为脂肪，造成人体发胖并诱发高血压、冠心病等。糖类含量丰富的食物有大米、小米、枣、桂圆、面粉、马铃薯、红薯等。

4. 维生素

维生素是维持人体代谢所必需的物质。科学家们发现，维生素对脑及整个神经系统有重要的影响。维生素 A、B、C 对抽象思维和良好的记忆都很有帮助。

维生素 A 可维持人的正常发育，保护大脑神经细胞免受自由基侵害。天然维生素 A 只存在于动物性食品如：肝、蛋类、奶油和鱼肝油中；植物所含的胡萝卜素进入人体，可在肝脏中转变为维生素 A。

维生素 B 族对大脑尤其重要。缺乏维生素 B_1，会导致抑郁状态；缺乏维生素 B_2，即使是心理稳定的人也会出现忧郁、暴躁及恐惧症状；缺乏维生素 B_6，会降低血清素，而血清素较少就会导致抑郁症；缺乏维生素 B_{12}，表现为情绪失控或长期疲乏，易被误认为是早衰。含有丰富维生素 B_1 的食品：小麦胚芽、大豆、花生、黑米、鸡肝、胚芽米等。含有丰富维生素 B_2 的食品：牛肝、鸡肝、香菇、小麦胚芽、鸡蛋、奶酪等。含有维生素 B_6、维生素 B_{12}、烟酸、泛酸和叶酸等的食品：肝、肉类、牛奶、酵母、鱼、豆类、蛋黄、坚果类、菠菜、奶酪等。其中维生素 B_1 在人体内无法贮存，所以应每天补充。

维生素 C 被称为脑力泵，是最高水平的脑力活动所必需的物质，可普遍改善机体细胞的氧化还原反应。含维生素 C 丰富的食物：新鲜的大枣，柑橘类，橙子，红果，草莓，猕猴桃，酸枣，沙棘，辣椒，番茄，菠菜，菜花，苋菜，苜蓿等。

维生素严重缺乏者可服药补充，但应遵医嘱，不可过量。

5. 矿物质

矿物质又称为无机盐，也是维持人体正常生理机能不可缺少的物质。人体内有 60 多种元素。钠、锌、镁、钾、铁、钙、硒、铜可以防止记忆退化和神经系统的衰老，增强系统对自由基的抵抗力。

缺铁会减少注意、延迟理解力和推理能力的发展，损害学习和记忆，使学习成绩下降；缺钠会减少大脑信息接收量；锌能增强记忆力和智力，防止老年痴呆，缺锌可使人昏昏欲睡，萎靡不振，儿童发育停滞；缺钾会厌食、恶心、呕吐、迷睡；钙可以活跃神经介质，提高记忆效率，缺钙会引起神经错乱、失眠、痉挛；缺镁，人体卵磷脂的合成会受到抑制，引起疲惫、记忆力减退。许多水果、蔬菜都含有丰富的矿物质。

同学们，现在你清楚自己大脑的嗜好了吧，但是我们应该如何适时地给大脑补充营养呢？一般来说，一日三餐的饭量安排应该依据以下原则：

早餐要吃好。一顿好的早餐或者说营养早餐应该包括以下几类食物：谷类、牛奶或奶制品、肉类食物、新鲜蔬菜或水果。因为上午的学习负担很重，而血糖（就是我们平常吃进去的食物，进入机体后通过消化转化成的糖）是大脑能够直接利用的唯一的能量来源，如果早餐吃得不好，或根本就吃不上早餐，到了上午第三、四节课，因为血糖水平降低，就会产生饥饿感，导致反应迟钝。

午餐要吃饱。饭菜要丰盛，量要足，可不断地变换食物品种花样。

晚餐要吃少。以谷类食物和蔬菜为主，要清淡可口。

如果用供能百分比来表示：

早餐25％—30％、午餐30％—40％、晚餐25％—30％，饭后一小时吃点新鲜水果。

这里所讲的"吃饱"和"吃少"并不是指一定要饱腹或空腹。医学研究证明，饱腹或空腹对大脑很有影响。过饱时，由于全身血液大多集中于消化器官，身心过分松弛，同时，大脑的供血量不足，容易迟钝滞缓，无法产生活跃的思维；饥饿时，全身各个器官都会感觉疲惫，造成身心过度紧张，大脑无法集中精力思考。"八分饱"是精力最集中，思维最活跃的时候。在"八分饱"的基础上再分"吃好""吃饱"和"吃少"，你会有更饱满的精神状态。

现在你也可以科学适时地给大脑补充营养了，你会越来越聪明！

运用最佳时段效应

运用最佳时段效应，就是要适时用脑、劳逸结合，还要保证充足的睡眠。

一、适时用脑

学习是一项脑力劳动，要想让学习取得良好的收益，需要遵循大脑的生理规律，把握最佳的用脑时间，这样才能使学习更有效率。所谓最佳用脑时间是指人的精力充沛、脑细胞处于高度兴奋状态的时间。

研究发现，人体肌体运作最活跃的时段是从起床后的2至3个小时开始，如果我们起床时间是7时左右，那么可以认为头脑最活跃的时间是上午10点到下午3点左右。而上午8点左右大脑的思考能力具有严谨周密的特点，下午2点左右，思考能力最敏捷。

专家指出，对中小学生来说，一天内有四段高效的学习时间。

第一段：早上6至7点，适合记忆一些新的概念、新的内容。

第二段：上午8至10点，适合记忆大量基础理论知识。

第三段：下午7至9点，适合进行综合性知识的记忆。

第四段：晚上10至11点，适合记忆精确性高、容易出错的知识。

当然，每个人的具体情况又有所不同，所以人们的最佳用脑时间也不完全相同。但是我们可以根据自己的"生物钟"规律掌握自己的最佳学习时间，然后把重要的学习内容安排到最佳时间里去学习，提高学习效率。

二、劳逸结合

人的大脑不是一架"永动机",不可能永不休止地运作。

据研究,青少年连续用脑 30 分钟,血糖浓度在 120 毫克以上,这时大脑的反应快,记忆力强;连续用脑 90 分钟,血糖降至 80 毫克左右,大脑功能正常;连续用脑 120 分钟,血糖降至 60 毫克左右,这时大脑反应迟钝,思维能力较差。所以学习中注意劳逸结合,有张有弛。这样会使大脑的工作有节制,不易疲劳过度。

例如:有的学生看书时,把文理科的课程交替学习,这样的做法使大脑皮层中的兴奋灶从一个区域转移到另一个区域,结果大脑皮层的神经系统不仅不会疲劳,而且能使得两科的学习互相促进。另外,根据大脑的活动特点,因时而异地安排用脑也很重要。

当然,除了学习以外,积极地参加体育锻炼和文娱活动,对大脑来说是一种积极的休息,能调节大脑继续有效地工作。听音乐、聊天、唱歌、看电视等,都是劳逸结合、放松心情的好办法。尤其是每天保持一个小时的体育锻炼,能舒缓大脑的缺氧状况,提高记忆力。但要注意适度,"意犹未尽"才是最佳状态。

下面介绍一些放松的方法:

方法一:微闭眼睛,做五六次深呼吸,让心情平静。这种方法适合考前用。

方法二:右手紧握,体验肌肉的紧张感觉,握紧的同时均匀地吸进一口气,然后将手放松,同时把吸进的气缓缓呼出,把心里的紧张情绪和压力排解出来,连续做 1～3 分钟。这种方法适合平时练习。

列宁说,"休息是为了更好地学习"。劳逸结合才会事半功倍。你学会了吗?

三、充足的睡眠

在我们的身体里，大脑和人体的其他器官一样，在紧张的学习之后，也需要休息，这样才能消除疲劳、恢复体力，保证学习的高效率。研究表明，人的推理能力在白天的 12 小时内呈逐渐减退的趋势。在夜间，大脑的工作效率降到最低。也就是说，通宵达旦的学习对你而言没有太大好处。充足的睡眠是大脑最好的休息方式。

那么，如何让自己的睡眠质量提高？请看下面改善睡眠的练习方法：

●身体疗法

练习 1：睡前舒展运动

任何锻炼对身体都有益，并非只有剧烈运动才可以。在教室里坐着不动的生活使我们腰酸背痛，脊椎最为紧张，所以睡前舒展一下脊椎，可以缓解紧张，帮助你轻松入睡。

1. 跪在地板上，脚面向下，臀部放在脚跟上。弯腰，双臂前伸，上身叠在大腿上，前额接触地面。双臂环绕，平放于身体两侧，掌心向上。慢慢做深呼吸 1 分钟。

2. 挺身直立，双手放至肩宽。吸气，抬头，伸臀，背部下降，像猫一样伸展。呼气，再吸气，呼气，保持这一姿势 30 秒。

3. 吸气，低头，正对着两腿中部。呼气，同时下巴埋入胸部。拱背，收臀。呼吸，保持这一姿势 30 秒。

4. 重复第 1 个姿势，慢慢深呼吸 1 分钟。

练习 2：睡前指压按摩

每晚睡前 1 小时做指压按摩，快睡着前迅速重复一次。至少做两周（长则更好），这样才能体会到睡眠的全面改善。

1. 从头部开始，用中指或食指的指尖按摩头顶 30 秒。

2. 用食指指尖，在眉梢环状按摩 30 秒。用拇指从上到下从内到外擦拭眼窝。摩擦双手直至掌心发热，将手掌捂在眼上 45 秒。手腕在眼睑上轻轻捂 30 秒后结束。

3. 左手置于右手上（两手掌心向上），找出穴位，它位于手腕褶皱中，与小指在同一线上。用拇指指尖按（按一下即松开）1 分钟。在右手腕重复。

4. 找出腱间穴，位于左前臂内侧左手腕上方约 2 英寸（5 厘米）处。拇指用力环状按压 1 分钟。在右手腕重复。

● **心理疗法**

练习 1：释放怒火

如果某件事情惹你火冒三丈，夜里合不上眼，这个练习可以帮助你消除怒火，缓和心情。

1. 找一个小的、坚硬的物体，如一枚硬币或卵石。坐在舒适的地方，将硬币（或卵石）攥在掌心，用力挤压，同时从 1 数到 10（你可能会发现你此时屏住了呼吸）。长长地出一口气，松开手中硬币（或卵石），从 1 数到 5。重复挤压和放松过程三次。

2. 将硬币（或卵石）放在手中，脑子里什么也不想，全神贯注于呼吸——慢慢做深呼吸，有规律地吸气呼气 5 分钟。如果某些想法浮上心头，置之度外——知道有此想法，但来去随它，不做任何反应。

3. 慢慢反思你的感受。明白自己有权利发怒，但同时要明白生活中不如意事也是常有的，以一种建设性态度处理不良情绪。张开手，抚摸硬币（或卵石），然后把它放到抽屉中或壁柜里。至此，你的怒火已经消失了。你已恢复了以往的平静。

练习 2：和平鸟

满腹心事，睡不着或者醒来后再也睡不着时，容易导致失眠。每晚专门留出约 30 分钟处理你的烦心事。写下你的烦恼以及第二天可以采取的措施，会好一些。然后，在睡觉前做下面的练习，驱逐心中的所有烦恼。

1. 选一个舒适的地方坐下，合上双眼。注意力向内，集中在你的呼吸上。慢慢深吸气，直至放松。

2. 想象你身边围着一群黑色的鸟，它们绕着你飞翔，争相吸引你。这些鸟象征着你的烦恼——最大的鸟是你迫在眉睫的烦恼，以此类推。将注意力集中在最大的鸟身上和它所代表的烦恼。当它俯冲下来时，抓住它。感觉它是多么轻，问问自己：这么一个无足轻重的东西怎么就重重地压在你的心头？

3. 松开这只黑鸟，同时松开那个特定的烦恼。看着它越飞越远，颜色由黑变白，冲入云霄。

4. 在其他鸟身上重复这一过程，抓住的鸟越多越好。松开每只鸟后，停留片刻，享受一下你所体验到的轻松和宁静。

● **克服睡眠障碍**

练习 1：告别打鼾

医生发现职业歌手很少打鼾与他们锻炼声带肌肉有关，于是医生设计了一套练习，帮助不唱歌的打鼾人群。

1. 从强化横膈膜开始。短促地、喘气式吸气。两腮收紧（像吹小号那样）慢慢呼出。呼吸结束时微笑，这样可以增强鼻翼后侧和喉头上部肌肉。1 天 2 次，每次重复 1 分钟。

2. 看着镜中的自己微笑。鼓起鼻孔，抬起眉头——吃惊的样子。

脸部放松。这样可以增强脸部、鼻翼后侧和喉头上部肌肉。1天2次，每次重复1分钟。

3. 现在开始歌唱练习。从最喜欢的调子开始，只唱调不唱词，每个音以"HOU"音代替。重复调子，每一个词以"HEE"代替歌词。逐渐增加重复次数（轮流唱"HOU"和"HEE"）。练习到一次能唱3分钟为止。1天1次。

练习2：讲出噩梦来

要对抗噩梦里的恐惧，可以将梦展开，克服这种体验。要达到这一点，噩梦必须是"清晰的"（我们需要清楚我们是在做梦，这样才能和梦打交道）。下面我们一起开始这个过程：

1. 上床睡觉之前，静静地坐下，告诉自己你将全神贯注于你的梦。做梦时，尽量研究梦境里的物体、行为和场景。看它们是怎样的离奇、不真实？掌握这个技巧可以使梦境更清晰。

2. 一切清楚后，延长你的梦，超出你通常醒来的时间。开始"旋转"。伸出梦的手，像陀螺一样在梦的场景里自由旋转。在旋转过程中，告诉自己下一个要看见、听到、接触或闻到的将是噩梦。

3. 噩梦开始后，正视你的恐惧。和它对话（即使它以非生物形象出现，或者是即将淹死你的巨浪或倒塌中的墙）。问问你的恐惧为什么会出现在你的梦里。设想它变成了友好的形象——一个威胁你的陌生人变成了保护你的朋友；巨浪变成了拍打海滩的细浪；墙消失了，展现出一片宁静的画面。当你将意象转变以后，离开你的梦。噩梦不大可能再出现了。

科学告诉我们，人体吸收的各种营养，需要在睡眠和休息的时候进行合成，从而成为大脑所需的营养素，如果睡眠不足，营养元素来不及很好的合成，身体也不能有效地吸收，就起不到营养补给的作用。这样影响大脑的正常功能，使注意力、记忆力等能力降低。中学生每天适宜的睡眠时间为 10 小时左右。不懂得休息的人是不懂得学习的，当你得到充分的休息后，才能有效地利用时间，这样才会良性循环，才能维持最佳的身心状态。

为大脑创造良好的环境

我们大脑的工作效率与环境因素有着密切的关系。科学家的研究表明，良好的学习环境可以使我们的用脑效率提高 15％—30％。环境因素包括内因和外因。

一、良好的外界环境

良好的外界环境包括空气、温度、光线、色彩、声音。下面分别从这几方面叙述了怎么使外界环境达到最适合的学习环境。

1. 要有新鲜的空气

为保持头脑清醒和精力旺盛，大家应该尽量在空气流通的环境中学习，这样才能保证我们的大脑获得充足的氧气。家里的书房要经常开窗换气，平时在学校，因为教室里的人比较多，空气容易变得污浊，大家就更应该注意保持通风，课间应走出教室，尽量呼吸新鲜空气，这样才有助于我们消除疲劳，保证大脑的健康，提高学习效率。

2. 要有适宜的温度

温度过高或过低都会影响人的用脑效率。高温会使人头昏脑涨，引起记忆力和思维能力下降。低温虽然可以抵御昏沉，使人头脑清醒，但对于学生读书学习来说，并不理想。有研究表明，人体觉得舒适的温度为 19～21℃。

3. 要有强弱适中的光线

学习时,过强的光线会使人感到头晕、烦躁,影响大脑的思维和判断能力;如果光线过于昏暗,又容易导致大脑皮层因为得不到足够的光线刺激而产生抑制,影响用脑效率。所以,大家读书学习应该选择光线明亮的地方,但需要注意的是,白天不要在阳光的直射下看书,那样不仅会伤害眼睛,也不利于大脑的思考。

4. 要选择合适的色彩

心理学家的实验研究表明,淡灰绿色和淡灰紫色能消除神经紧张和大脑的疲劳,使人头脑清醒,精力充沛,用脑效率提高。而深红色、深黄色会对人产生强烈刺激,使大脑高度兴奋,随后则趋向抑制,致使用脑效率不高。因此,室内的墙壁,家具、天花板、窗帘都应以淡蓝色、淡绿色为宜。

5. 要选择安静的环境

同学们应尽量在安静的环境中学习,如果学习环境中的声音强度过大,就会使精力分散,降低思考能力。如果长期处于噪音环境中,还会对人体健康产生危害,甚至导致记忆力减退,神经衰弱等。

二、良好的情绪,适度的紧张

在学习和生活中,我们常常会遇到这种事:在紧迫的情况下,即使是一个手无缚鸡之力的人,也能在瞬间爆发出令人难以置信的力量。这就是平常所说的"急中生智"。

人们一般都认为,紧张会阻碍水平的正常发挥。但事实上,适度的紧张可以促进脑力的发挥。你也许有过这样的体会:遇到紧急情况时,血压会上升,呼吸也变得急促,肌肉开始绷紧,有时甚至还会浑身颤栗。这表明，"紧张"会使我们的身体发生变化，而身体上的变化也给我们的心理发出了警示，这就是心理学上所讲的"兴奋"。在"兴奋"的作用下，我们的身体就开始了全面的"总动员"，为应付紧急情况做好充分的准备。因此，不必害怕"紧张"的出现，因为，适度的紧张能帮助我们为了奋力拼搏而完成心理和生理上的准备。心理学上所讲的"鲶鱼效应"即是这个道理。

人们喜欢吃沙丁鱼，尤其是活鱼。市场上活鱼的价格要比死鱼高许多。所以渔民总是千方百计地想办法让沙丁鱼活着回到海港。可是虽然经过种种努力，绝大部分沙丁鱼还是在中途因窒息而死亡。但有一条渔船却总能让大部分沙丁鱼活着回到海港。船长严格保守着秘密。直到船长去世，谜底才揭开。

原来船长在装满沙丁鱼的鱼槽里放进了一条以鱼为食的鲶鱼。鲶鱼进入鱼槽后，由于环境陌生，便四处游动。沙丁鱼见了鲶鱼都十分紧张，左冲右突，四处躲避，加速游动。这样沙丁鱼缺氧的问题就迎刃而解了，也就不会死了。这样一来，一条条沙丁鱼欢蹦乱跳地回到了海港。这就是著名的"鲶鱼效应"。

科学家认为适度紧张和积极的生活方式会激发人体的适应机能和抵御疾病的能力。当人保持一定紧张度的工作与生活时，就会充分调动体内的潜能，呼吸系统、循环系统、神经系统、消化系统、免疫系统等都会积极工作，发挥出最佳的生理机能。适度紧张，精神振奋，也能给脑细胞以良性刺激，能使人思维速度加快，促进大脑的发挥。

心理学的研究表明，精神过度紧张和焦虑、苦闷和悲伤都能使脑细胞的能量过度消耗，使大脑处于衰弱状态。所以，过分的紧张不仅不能帮助我们发挥实力，甚至还会阻碍我们实力的发挥。因此，如果在考试或重大的比赛之前紧张过度，就一定要想办法减轻和消除。例如：给自己打打"强心针"，告诉自己："别人比我还紧张呢，我并不比别人差到哪里去呀。"另外，还可以做一些简单的动作，如伸个懒腰，反复握拳，做深呼吸等，通过舒展紧张的肌肉，心理上也就自然而然地能够舒缓下来了。

值得学习的 5 种健身健脑运动

中学生每天课外活动时间不应少于 1 小时，怎样健身健脑更有效？

一、眼部运动

眼部运动，眼保健操首当其冲。眼保健操是根据我国医学推拿、经络理论，结合体育医疗综合而成的按摩法。它通过对眼部周围穴位的按摩，使眼内气血通畅，改善神经营养，以达到消除睫状肌紧张或痉挛的目的。除此以外，下课的时候可以以远处某大型固定物体为目标，眼球自左、上、右、下的方向旋转 12 圈。

二、肩部运动

肩部运动可充分使肩部活动开，从而改善脑部的供血。

1. 上下耸肩运动：两足分开而立，约与肩等宽，两肩尽量上提，使脑袋贴在两肩头之间，稍停片刻，肩头突然下落。做 8 遍。

2. 背后举臂运动：两臂交叉并伸直于后，随即用力上举，状似用肩胛骨上推头的根部，保持两三秒后，两臂猛地落下，像要撞到腰上（实际也可撞上）。做 1 遍。

3. 叉手前伸运动：屈肘，十指交叉于胸前，两手迅猛前伸，同时迅速向前低头，使头夹在伸直的两臂之间。做 5 至 10 遍。

4. 叉手转肩运动：十指交叉于胸前，掌心朝下，尽量左右转肩。头必须跟着向后转，注意保持开始时的姿势，转动幅度要等于或大于90度。左右交替，做5至10遍。

5. 前后曲肩运动：先使两肩尽量向后弯曲，状如两肩胛骨要碰到一起似的。接着用力让两肩向前弯曲，如同两肩会在胸前闭合似的，并使两只手背靠在一起。做5至10遍。

6. 前后转肩运动：曲肘、呈直角，旋转肩部，先由前向后，再从后向前，旋转次数不限。

三、手部运动

双手通过经络与大脑有密切联系。研究表明，进行手部运动，可起到舒通经络、畅通气血、刺激大脑机能恢复、促进思维、提高智力的作用。我国吃饭使用的筷子，也是健脑益智之妙品。

1. 手指运动：压指，两手指尖相对，进行按压10至15次；抓拳屈伸，手指做抓拳动作10次；交叉握力，两手十指交叉，用力相握后再猛力拉开，连做20至30次。

2. 梳头：用手指从头前额沿头顶徐徐推按至枕后部，反复数十次。

3. 摩面：双手相合对搓，搓热后进行摩面，两食指分别从嘴角向上按摩至前额发际后，再分别向两侧太阳穴按摩，同时两手掌心逐渐紧贴于面部，食指沿耳前向下按摩至嘴角，重复30次左右。

除此以外，手部运动如玩健身球、健身圈，玩核桃与编织等，均健身健脑。

四、按摩提神

充分利用生活中的一些小动作，以达益智健脑之目的。

1. 揉按太阳穴：两手十指并拢，分别按于太阳穴，先顺时针揉20

次，再逆时针揉 20 次，然后从太阳穴向耳尖上方手推 20 次，也可用拇指腹按压太阳穴 10～20 次，用力揉按。

2. 按摩梳头：双手五指张开，分别放置头的两侧，自头发边缘做梳头状，由前向后推向头顶方向，再滑向头后至颈后部，再由后向前；由左向右，再由右向左，最后把头发整理，把头发梳到平整光滑为止。或用梳子作梳头发的动作，动作轻柔可重复操作 30 至 50 次。这可以促进血液循环，调和百脉，提高大脑的供氧量，有益于大脑皮层功能的调整，消除疲劳，振奋精神，增强记忆。

五、弹跳运动

弹跳运动可促进血液循环，供给大脑充分的能量，更主要的是可起到通经活络、健脑和温肺的作用，提高思维和想象能力。

常见的弹跳运动有跳绳、舞蹈、打乒乓球等。有人说跳绳是最佳的健脑运动，因为人在跳绳时，以下肢弹跳和后蹬动作为主，手臂同时摆动，腰部则配合上下肢活动而扭动，腹部肌群收缩以帮助提腿。同时，跳绳时呼吸加深，胸背、膈部所有与呼吸有关的肌肉都参加了活动。因此，在跳绳时，大脑处于高度兴奋状态，经常进行这种锻炼，可增加脑神经细胞的活力，有利于提高思维能力。

从中医针灸经络学来看，跳绳对全身经络都有刺激作用。跳绳时，手握绳头，不停地做旋转运动，能刺激手掌与手指的穴位，从而疏通手部经脉，使手、上肢部的六条经脉气血畅流上输于脑。人体另外 6 条经脉起止于脚部，跳绳能促进四肢 6 条经脉的气血循环。因此，跳绳可通经活络，从而达到醒脑、健脑的作用。

头脑风暴法简介

头脑风暴法，又称智力激励法、BS法，是美国学者阿历克斯·奥斯本提出的。头脑风暴的目的是激发大脑的思维以产生出新的想法，新的观念。

"三个臭皮匠，顶一个诸葛亮"，如果大家能相互帮助，相互交流，集思广益，一样能得到不同凡响的成绩。学习中，遇到难题，我们可以找同学一起讨论，相互补充；课外活动中，如果我们想组织一项活动，这种方法也是非常有效的。下面是这种方法的阶段示意图：

从明确问题到会后评价，头脑风暴法有三个阶段：

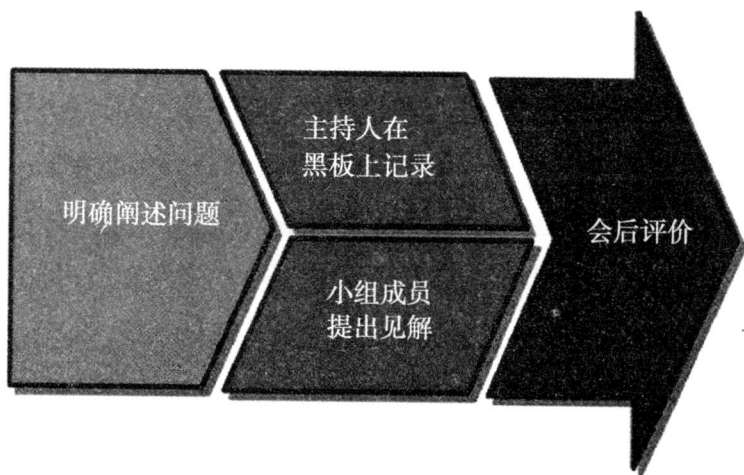

- ◆ 介绍问题
- ◆ 如组员对问题感到困惑，主持人对问题利用案例形式进行分析

- ◆ 指定一人在黑板记录所有见解
- ◆ 鼓励组员自由提出见解

- ◆ 会后以鉴别的眼光讨论所有列出的见解
- ◆ 也可以让另一组人来评价

需要注意的是，我们在第二个阶段中，为了使大家能够畅所欲言，

需要制订以下规则：第一，不要私下交谈，以免分散注意力。第二，不妨碍他人发言，不去评论他人发言，每人只谈自己的想法。第三，发表见解时要简单明了，一次发言只谈一种见解。在畅谈中，大家自由发言，自由想象，自由发挥，使彼此相互启发，相互补充，真正做到知无不言，言无不尽，畅所欲言，然后将会议发言记录进行整理。

第三章　学会正确的思维方法

在中学的学习中我们需要培养多角度思考问题的习惯，有意识训练思维的开放性、灵活性及独创性。每逢遇到问题时，多"想一想"，这种想，就是本章介绍的思维。中学阶段，思维能力是学习能力的核心，我们应该怎样学会正确的思维方法呢？

唤醒你的大脑

人的大脑由左右两半球组成，通过由大约2亿束神经纤维组成的胼胝体进行频繁的信息交换。左右两部分大脑神经呈交叉状，各自将与其相反一侧的半身置于自己的辖区内。

人脑左右半球有各自独立的意识活动。左脑倾向于用语言思维，右脑则倾向于感觉形象直接思维。大脑两半球具有一种合作关系，即左脑负责语言和逻辑思维，而右脑则做一些难以换成词语的工作，通过表象代替语言来思维。一般认为，左脑是理性的脑，主要分工有语言、逻辑分析、推理、抽象、计算、语言记忆、书写、阅读、分类排列；右脑是感性的脑，主要分工有直觉、情感、图形直觉、形象记忆、美术、音乐节奏、舞蹈、想象、视觉、知觉。

人类储存在脑内的能量大得惊人，普通人只开发了大脑蕴藏能量的10％，还有90％的大脑潜能被我们白白浪费了。英国心理学家托尼

•巴赞指出："你的大脑就像一个沉睡的巨人。"那么，怎样才能将沉睡的巨人唤醒呢？

法国的数学家、物理学家帕斯卡从小就爱问为什么，并且喜欢自己钻研。

一次，帕斯卡在花园边见花匠正用又长又扁的水管接水龙头，扁水管一下子变圆了。他感到很有趣，便乘人不注意，悄悄地把双脚站在水管上，想压扁管子、堵住水。可水根本堵不住。这是为什么呢？

帕斯卡又看了看花园另一头，那儿也有水管，上面还有几个细孔，水从细孔中喷出，喷得老高。他高兴地跑过去，伸手挡住水线，弄得手痒痒的。他想：水管的水为什么可以往高处流？细孔里流出的水为什么能喷得那么高呢？

从这以后，帕斯卡一有空就去摆弄水管，细心观察。

帕斯卡做了一个有小孔的空心球，并在球上连接着一个圆筒，在圆筒里安个可以来回移动的活塞。他发现轻轻按活塞，空心球里的水向外喷的劲不大；按活塞的力越大，水喷射的力也就越大；如果不按，水也不向外喷。帕斯卡觉得这真是太神奇了。

后来，帕斯卡渐渐地长大了，他想揭开秘密的愿望越来越强烈。他开始在实验室里"玩水"了。

经过无数次的实验和精确的计算，帕斯卡终于解开了谜底，那就是物理学上的"帕斯卡定律"。此时的帕斯卡年仅25岁。

帕斯卡发现扁水管变圆的时候，没有放任不管，而是很感兴趣地思考其中的原因，从而有了"帕斯卡定律"。学习中，要勤思多问，追根溯源，寻求事物之间的内在联系。这样才能唤醒大脑，发挥大脑的最大潜能。

无独有偶，北宋科学家沈括也是一位善于思考、勤学多问的人。

唐朝元和十二年（817年）春末，白居易与16位朋友结伴游江西庐山，写了不少诗，其中有一首是《大林寺桃花》："人间四月芳菲尽，山寺桃花始盛开。长恨春归无觅处，不知转入此中来。"

有一天，沈括上山看桃花。"人间四月芳菲尽，山寺桃花始盛开"，当读到这句诗时，沈括的眉头凝成了一个结，"为什么我们这里花都开败了，山上的桃花才开始盛开呢？"，为了解开这个谜团，沈括约了几个小伙伴上山实地考察一番，四月天气，山下众花凋谢，山顶上却是桃花红艳，天气乍暖还寒，凉风袭来，冻得人瑟瑟发抖，沈括茅塞顿开，原来山上的温度比山下要低很多，因此花季才来得比山下晚呀。

凭借着这种求索精神和实证方法，长大以后的沈括写出了《梦溪笔谈》。

心理学实验证明：人脑每思考一个问题时，就会在大脑皮层上留下一个兴奋点，思考的问题越多，留下的兴奋点越多，最后由许许多多的兴奋点组成网络。遇到新问题时，只要触动一点，就会牵动整个网络，再运用已经掌握的知识，问题就可以解决了。这就是我们常说的"触类旁通""举一反三"。

因此，我们在自己的学习实践中，多用大脑思考，以便在大脑皮层中形成更多的兴奋点，使大脑更加灵活，这样在遇到问题时就能迅速解决，从而提高了学习效率。多用大脑思考，就是对大脑进行思维训练，使之思维更加敏捷，反应更快。经常用大脑思考，加强大脑的思维训练，就能使脑细胞的细微结构发生变化，大脑储存信息，提取和控制信息的功能加强。用脑越少，衰老越快；用脑越多，脑细胞衰老越慢。

在学习中我们应养成多思考的习惯，有意识地去训练思维。首先，我们应注意新旧知识、学科之间以及学习内容和生活之间等方面的练习，从多角度去思考，唤醒我们的大脑。其次，我们应从整体上把握知识，学习每一部分内容都要弄清其在整体系统中的位置，使所学知识更容易把握。最后，尤其在学习理科时，最重要的是弄清楚原理，不能死记硬背，要对所学知识有求知欲和好奇心，养成自觉思考的好习惯。

脑子越用越灵，请多给大脑创造思考的机会，使脑细胞充满活力，让我们的大脑潜能得到最大的开发！

打破思维定式

学习中，尤其是理科的学习中，大家往往会给自己设定一些假想的边界、限制或者背景，这些假想出来的限制或背景往往阻碍我们找到不同的解决方法。这就是心理学上讲的"思维定式"。

思维定式对问题解决既有积极的一面，也有消极的一面，它容易使人养成一种呆板、机械、千篇一律的解题习惯。当新旧问题形似质异时，思维定式往往会使解题者步入误区。

尤其是考试中，有的同学对审题重视不够，匆匆一看，急于下笔，以致题目的条件与要求都没有吃透，至于如何从题目中挖掘隐含条件、启发解题思路就更无从谈起，这样解题出错自然多。有的同学自认为有相当丰富的解题经验，往往对自己的某些想法深信不疑，很难放弃一些陈旧的解题经验，使思维陷入僵化状态，不能根据新的问题的特点做出灵活的反应，造成歪曲的认识，容易形成思维定式。

有这样一个实验：把六只蜜蜂和同样多的苍蝇装进一个玻璃瓶中，然后将瓶子平放，让瓶底朝着窗户。结果发生了什么情况？

蜜蜂不停地想在瓶底上找到出口，一直到它们力竭倒毙或饿死；

而苍蝇则会在不到两分钟之内，穿过另一端的瓶颈逃逸。

由于蜜蜂基于出口就在光亮处的思维方式，想当然地设定了出口的方位，并且不停地重复着这种合乎逻辑的行动。可以说，正是由于这种思维定式，它们才没有飞出玻璃瓶。而那些苍蝇则对所谓的逻辑毫不留意，全然没有对亮光的定式，而是四下乱飞，终于飞出玻璃瓶，头脑简单者在智者消亡的地方顺利得救，在偶然当中有很深的必然性。

有这样一道题：桌子上放着8枚硬币，横着4枚，竖着5枚，如果只允许移动其中的1枚，怎样使横竖都是5枚硬币呢？

这道题按照平常解决这种问题的思路是不可能完成的。但是如果你换种思维方式，在横竖共用的位置上放两枚硬币，即叠放，问题就解决了。

当你发现解决不了的问题的时候，要学会打破常规，学会变通，问题可能就迎刃而解了。

大量事例表明，思维定式确实对问题解决具有较大的负面影响。当一个问题的条件发生质的变化时，思维定式会使解题者墨守成规，难以涌出新思维，做出新决策。在学习中，遇到问题时，第一，耐心仔细地审题，准确地把握题目中的关键词与量，从中获取尽可能多的信息，这样才能迅速找准解题方向。第二，如果用常规方法实在解决不了，一定要努力思考：是否还有其他的方法？是否还有别的解决途径？这样，我们的思维才会更加灵活多样、敏捷聪明、敢于创新，把不可能的变成可能！

下面介绍几道思维游戏题，请多开动脑筋，打开自己的思维，打破思维定式。

例1：下面两幅图，哪个空白面积大？

答案：第一幅图的空白面积大，比较见下图所示。

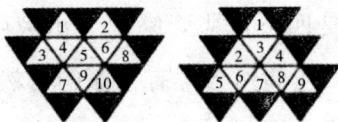

例2：一种挥发性药水，原来有一整瓶，第二天变为原来的 1/2，第三天变为第二天的 2/3，第四天变为第三天的 3/4。

问：第几天时药水还剩下 1/30 瓶？

A. 5 天　　　　B. 12 天　　　　C. 30 天　　　　D. 100 天

答案：注意力转移，转移到第三天是原来的多少，$1/2 \times 2/3 = 2/6 = 1/3$。

第四天是原来的多少：$1/3 \times 3/4 = 3/12 = 1/4$。

归纳类推：第 n 天时还剩下 $1/n$ 瓶。

直觉：计算完第三天就直接抓住本质，第 n 天时还剩下 $1/n$ 瓶。不再计算。

故正确选项是 C。

培养敏锐的观察力

观察是学习知识、认识世界的重要途径。我们在系统地学习文化科学知识的过程中，无论学习哪一门功课，都需要一定的观察力。如语文课中字形的分辨和作文中故事情节的记述、情境的介绍、景物的描写，生物课中的对物体形态、结构及其发展变化的认识等，都需要有精细的观察力。

古今中外许多科学家、研究者都十分重视观察，并具有敏锐的观察力。俄国生理学家巴甫洛夫在他实验室建筑物上也刻着这样一句话："观察、观察、再观察。"进化论创始人达尔文在谈到自己的成就时曾说过："我既没有突出的理解力，也没有过人的机智，只是在观察那些稍纵即逝的事物，并对其进行精细观察的能力上，我可能在他人之上。"

可见，观察力是科学研究、创造发明不可缺少的重要品质。那么如何培养自己敏锐的观察力呢？

物理学家牛顿，从孩提时代就喜欢对各种事物进行仔细观察，而且力图透过现象看本质，把不懂的地方彻底弄明白。狂风刮起时，人们都躲进屋里，牛顿却顶着沙石冲出门外，一会儿顺风前进，一会儿逆风行走，实地观察顺风与逆风的速度差；英国发明家瓦特正是从对烧开的水顶动壶盖的观察中琢磨出蒸汽机的基本原理，而由此带来一场深刻的资本主义工业革命的；我国明代名医李时珍幼年时就爱观察各种花卉、药草的生长过程，细致地察看它们如何抽条、长叶、开花，花草的每一处细微变化都逃不过他的眼睛。正由于这种观察细致的严谨作风，使他写出《本草纲目》……

在人类历史上，具备这种良好观察力的成功人物数不胜数。从他们身上，我们可以发现，多听、多看、锻炼感官、积累感性知识，是观察力得以发展的前提，但并不是所有的感知都能被称为观察。真正有效的观察过程既包括感知的因素，又包括思维的成分，因为如果你只是发现却没有思考，那么不可能抓住事物的主要特征，更不可能做出科学的判断。下面给大家介绍练习观察力的5种方法：

一、静视——一目了然

1. 在你的房间里或屋外找一样东西，比如表、钢笔、台灯、一张椅子或一棵花草，距离约60厘米，平视前方，自然眨眼，集中注意力注视这一件物体。默数 60～90 下，即 1～1.5 分钟，在默数的同时，要专心致志地仔细观察。闭上眼睛，努力在脑海中勾勒出该物体的形象，尽可能地加以详细描述，最好用文字将其特征描述出来。然后重复细看一遍，如果有错，加以补充。

2. 你在熟练后，逐渐转到更复杂的物体上，观察周围事物的特征，然后闭眼回想。重复几次，直到每个细节都看到。可以观察地平线、衣服的颜色、人们的姿势和动作、天空的云朵等。观察的要点是，不断改变目光的焦点，尽可能多地记住完整物体不同部分的特征，记得越多越好。在每一分析练习之后，闭上眼睛，用心灵的眼睛全面地观察，然后睁开眼睛，对照实物，校正你心灵的印象，然后再闭再睁，直到完全相同为止。还可以在某一环境中关注一种形状或颜色，试着在周围其他地方找到它。

3. 建议你训练后再去观察名画。必须把自己的描述与原物加以对照，力求做到描写精微、细致。在用名画作练习时，应通过形象思维激发自己的感情，由感受产生兴致，由兴致上升到欣赏。

这样，不仅可以改善观察力、注意力，而且可以提高记忆力和创造力。因为在你制作新的心中形象的过程中，你吸收使用了大量清晰的视觉信息，并且把它储藏在你的大脑中。

二、行视——边走边看

以中等速度穿过你的房间、教室，或者绕着房间走一圈，迅速留意尽可能多的物体。回想，把你所看到的尽可能详细地说出来，最好写出来，然后对照补充。

在日常生活中，眼睛像闪电一样看。可以在眨眼的功夫，即 0.1～0.4 秒之间，去看眼前的物品，然后回想其种类和位置；看马路上疾驶的汽车牌号，然后回想其字母、号码；看一张陌生的面孔，然后回想其特征；看路边的树、楼，然后回想其棵数、层数；看广告牌，然后回想其画面和文字。所谓"心明眼亮"，这样不仅可以有效锻炼视觉的灵敏度，锻炼视觉和大脑在瞬间强烈的注意力，而且可以使你从内到外更加聪慧。

三、抛视——天女散花

取 25 块到 30 块大小适中的彩色圆球，或积木、跳棋子，其中红色、黄色、白色或其他颜色各占三分之一。将它们完全混合在一起，放在盆里。用两手迅速抓起两把，然后放手，让它们同时从手中滚落到沙发上，或床上、桌面上、地上。当它们全部落下后，迅速看一眼这些落下的物体，然后转过身去，将每种颜色的数目凭记忆而不是猜测写下来，检查是否正确。重复这一练习 10 天，在第 10 天看看你的进步。

四、速视——疏而不漏

取 50 张 7 厘米见方的纸片，每一张纸片上面都写上一个汉字或字母，字迹应清晰、工整，将有字的一面朝下，也可用扑克牌。取出 10 张，闭着眼使它们面朝上，尽量分散放在桌面上。现在睁眼，用极短的时间仔细看它们一眼。然后转过身，凭着你的记忆把所看到的字写下来。紧接着，用另 10 张纸片重复这一练习。每天这样练习三次，重复 10 天。在第 10 天注意一下你取得了多大的进步。

五、统视——尽收眼底

睁大你的眼睛，但不要过分以至于让你觉得不适。注意力完全集中，注视正前方，观察你视野中的所有物体，但眼珠不可以有一点的转动。坚持 10 秒钟后，回想所看到的东西，凭借你的记忆，将所能想起来的物体的名字写下来，不要凭借你已有的信息和猜测来作记录。重复 10 天，每天变换观察的位置和视野。在第 10 天看看你的进步。

这些方法你学会了吗？学会了观察，学习中，我们就需要有目的、有计划地去感知，并且能将我们所感知的东西和思维相结合，去真正地观察。

下面介绍几道培养观察力的游戏题，请多开动脑筋，想一想。

例1：图像垂直和水平的边缘是扭曲的还是直的？

答案：图像的边缘都是直的。

例2：哪个图能补全菱形？

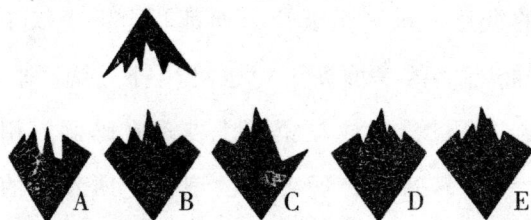

答案：E。

例3：用两条直线把三种不同的图形分成四份，且每份的数量相同。

答案：

形象思维的魅力

形象思维是对形象信息传递的客观形象体系进行感受、储存的基础上，结合主观的认识和情感进行识别（包括审美判断和科学判断等），并用一定的形式、手段和工具（包括文学语言、绘画线条色彩、音响节奏旋律及操作工具等）创造和描述形象（包括艺术形象和科学形象）的一种基本的思维形式。

形象思维是用直观形象和表象解决问题的思维，属于感性认识阶段。形象思维能力，是一种将抽象的"无形"转化为具体的"有形"的能力。形象思维的特点是从客观形象出发，对客观形象进行分析、综合、判断、推理等认识的思维过程。对于我们中学生来说，培养形象思维能力有助于我们全面发展，发散自己的思维，提高观察能力、表达能力等。

如果你喜欢学习文科，一定要大大加强自己的形象思维能力；如果你喜欢理科，你也不能放弃形象思维的训练。我们可以这么做：首先，要学好语文课，认真写好每一篇作文。其次，尽可能搞一点业余创作，写一点诗歌散文、日记等。再次，你还可以利用课余时间有意识地读一些小说、诗歌，适当地看一些电影、电视等。最后，你还可以学画画或者欣赏音乐，美术和音乐都是创造性的艺术，又具有不确定性的特点，在培养情感和联想、想象力方面有很重要的作用，可以帮助我们提高观察能力、表达能力和形象思维能力。

下面是一道有关形象思维的游戏题，请多开动脑筋，想一想。

例：（1）"一、二、三、五、七、千"，各添上同一个字，成为另外六个字。请你试试看。

（2）在括号中填一字，使这个字与括号外面的字分别组成一个新字：古（　　）巴

（3）在下面各组四个字的中心填入一个适当的字，使其分别组成另外四个新字。

（4）在下面各组四个字的中心填入一个适当的字，使其分别组成另外四个新字。

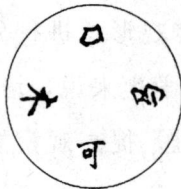

答案：（1）各添一个"口"字，成为"日""旦""亘""吾""电""舌"六个字。

（2）月，分别组成"胡"字和"肥"字。

（3）白（皆、百、皖、皇）。

（4）王（呈、柱、玛、珂）。

抽象思维的魅力

抽象思维与形象思维不同，它不是以人们感觉到或想象到的事物为起点，而是以概念为起点去进行思维，进而再由抽象概念上升到具体概念——只有到了这时，丰富多样、生动具体的事物才得到了再现，"温暖"取代了"冷冰冰"。可见，抽象思维与具体思维是相对而言、相互转换的。

只有穿透到事物的背后，暂时撇开偶然的、具体的、繁杂的、零散的事物的表象，在感觉所看不到的地方去抽取事物的本质和共性，形成概念，才具备了进一步推理、判断的条件。

17世纪初，在荷兰的米德尔堡小城，眼镜匠利珀希几乎整日在忙碌着为顾客磨镜片。在他开设的店铺里各种各样的透镜琳琅满目，以供客户配眼镜时选用。当然，丢弃的废镜片也不少，被堆放在角落里的废镜片成了利珀希三个儿子的玩具。

一天，三个孩子在阳台上玩耍，小弟弟双手各拿一块镜片靠在栏杆旁前后比画着看前方的景物，突然发现远处教堂尖顶上的风向标变得又大又近，他欣喜若狂地叫了起来，两个小哥哥争先恐后地夺下弟弟手中的镜片观看房上的瓦片、门窗、飞鸟……它们都很清晰，仿佛是近在眼前。

利珀希对孩子们的叙述感到不可思议，他半信半疑地按照儿子说的那样试验，手持一块凹透镜放在眼前，把凸透镜放在前面，手持镜片轻缓平移距离，当他把两块镜片对准远处景物时，利珀希惊奇地发现远处的物体被放大了，似乎就在眼前触手可及。

1609年6月，意大利天文学家和物理学家伽利略在威尼斯收到朋友寄来的一封信，告诉他这件事情。伽利略获得信息后意识到它具有在天文学上的应用价值，立即返回帕多瓦集中精力研究光学和透镜，反复琢磨并亲自动手将镜片安装在铜筒的两端，铜筒则被定置在固定架上。最初望远镜只能放大 3 倍，在此基础上，伽利略不断地摸索改进，使望远镜能够放大 32 倍，第一台天文望远镜就这样问世了。

眼镜匠利珀希由于缺少知识，更缺乏抽象思维能力，不会从这两个镜片的偶尔结合中抽象出所隐含着的普遍规律。而伽利略凭借自己掌握的知识和高度的抽象思维能力，研制出了一台天文望远镜。这也说明了没有抽象思维，就没有科学理论和科学研究。然而，抽象思维不能走向极端，它必须与具体思维相结合，由抽象上升到具体。

进入中学阶段后，我们的智力发育在生理上基本成熟起来。这一时期，我们的思维已经从具体的形象思维逐渐过渡到了以抽象思维为主。尤其在初中阶段，是培养抽象思维能力的重要阶段，在这个时期，这种能力水平的如何直接决定了学习水平的高低。

下面是测试你思维能力的题，请对下列问题做出最适合你的选择：

1. 你说话富有条理吗？

A. 有　　　　　　B. 不能确定　　　　　　C. 没有

2. 看完一篇文章，你是否能马上说出文章的主题？

A. 通常能　　　　B. 有时能　　　　　　C. 不能

3. 你写信时常常觉得不知如何表达吗？

A. 不　　　　　　B. 不能确定　　　　　　C. 是

4. 你是否能轻易地找到一些笑料使大家都笑起来？

A. 常常能　　　　B. 有时能　　　　　　C. 不能

5. 你对很多事物及其活动规律看得比较透彻吗？

A. 是　　　　　　B. 不能确定　　　　　　C. 不

6. 你可以很轻松地弄清一篇文章的要点吗？

A. 通常能　　　　B. 有时能　　　　　　C. 不能

7. 当你告诉别人什么事情时，你常会有词不达意的感觉吗？

A. 不　　　　　　　B. 不能确定　　　　　C. 是

8. 当你发觉说错话时，是否窘得再也说不出话来？

A. 不　　　　　　　B. 不能确定　　　　　C. 是

9. 有人认为你说话常不着边际吗？

A. 不　　　　　　　B. 不能确定　　　　　C. 是

10. 你在电影和电视剧中发现过不合情理的情节吗？

A. 多次发现　　　　B. 偶尔发现　　　　　C. 没有

11. 你在下棋、打扑克这些智力游戏中常取胜吗？

A. 是　　　　　　　B. 不能确定　　　　　C. 不

12. 你常不假思索地接受别人的意见吗？

A. 不　　　　　　　B. 不能确定　　　　　C. 是

13. 你善于分析问题吗？

A. 是　　　　　　　B. 不能确定　　　　　C. 不

14. 当你的同事或朋友有问题时是否会向你咨询？

A. 是　　　　　　　B. 不能确定　　　　　C. 不

15. 你觉得想问题是件很累的事吗？

A. 是　　　　　　　B. 不能确定　　　　　C. 不

16. 在朋友们面前发觉自己不小心做了不得体的事时，你是否能迅速给自己找一个台阶下（如开一句玩笑），以摆脱困境？

A. 是　　　　　　　B. 不能确定　　　　　C. 不

17. 你有时会将问题倒过来考虑吗？

A. 是　　　　　　　B. 不能确定　　　　　C. 不

18. 你常与他人辩论吗？

A. 是　　　　　　　B. 不能确定　　　　　C. 不

19. 大多数情况下，你只要一看（小说或影视）故事的开头，就能正确猜到结局如何吗？

A. 是　　　　　　　B. 不能确定　　　　　C. 不

20. 你的提议常被别人忽视或否定吗？

A. 不　　　　　　　B. 不能确定　　　　　C. 是

21. 在别人与你寒暄而尚未切入正题之前，你常常已大致猜到对方的意图吗？

A. 是　　　　　　　B. 不能确定　　　　　C. 不

22. 你爱看侦探小说或影视片吗？

A. 是　　　　　　　B. 不能确定　　　　　C. 不

每题答 A 记 2 分，答 B 记 1 分，答 C 记 0 分。各题得分相加，统计总分。

结论：0～15 分，表明你讲话、想问题缺乏逻辑，抽象思维能力较弱；16～30 分，说明你的抽象思维能力一般；31～44 分，表明你的抽象思维能力较强，你善于抓住问题的关键，说话也显得有条有理。

你的测试结果如何？分数是高还是低不重要，重要的是怎样才能提高自己的抽象思维能力。第一，可以自学一些逻辑学知识，了解抽象思维的方法；第二，平时要多提问，多思考，经常总结归纳学过的知识。经常把具体知识抽象化。例如：通过做很多有关三角形内角和的题抽象出三角形内角和为 $180°$，进而分析四边形、五边形……甚至是 n 边形的内角和。现在运用最广泛而且最有效的总结归纳的方法就是思维导图法，具体内容会在下一节介绍。

下面是两道抽象思维的游戏题，请多开动脑筋，想一想。

例 1：想一想，问号中该填上什么数字？

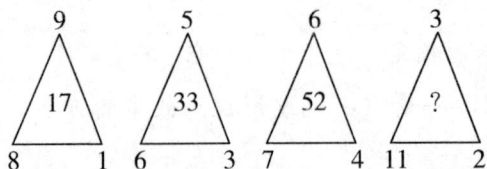

答案：28。规律是（3＋11）×2＝28。

例2：一只青蛙掉进了一口18米深的井。每天白天它向上爬6米，晚上向下滑3米。按照这一速度，多少天能爬出井口？

答案：不少粗心的人做出的答案是6天。他们的思路是：青蛙每天白天向上爬6米，晚上向下滑3米，因此平均每天向上爬3米；井深18米，所以6天后青蛙爬出井口。他们忽略了关键的一点，即当最后一天青蛙爬出井口后就不再下滑了。

因此，正确答案是青蛙只要5天就能爬出井口。前4天青蛙共向上爬了12米，第5天白天，青蛙正好爬完剩下的6米，爬出井口。

思维导图运用法简介

思维导图，又叫心智图，是把我们大脑中的想法用彩色的笔画在纸上。它是把传统的语言智能、数字智能和创造智能结合起来，表达发散性思维的有效的图形思维工具。

思维导图是一种革命性的学习工具，它的核心思想就是把形象思维与抽象思维结合起来，让左右脑同时运作，运用图文并重的技巧，把各级主题的关系用相互隶属与相关的层级图表现出来，把主题关键词与图像、颜色等建立记忆链接，利用记忆、阅读、思维的规律，协助人们在科学与艺术、逻辑与想象之间平衡发展，从而开启人类大脑的无限潜能。

下图表示的就是一个完整的思维导图：

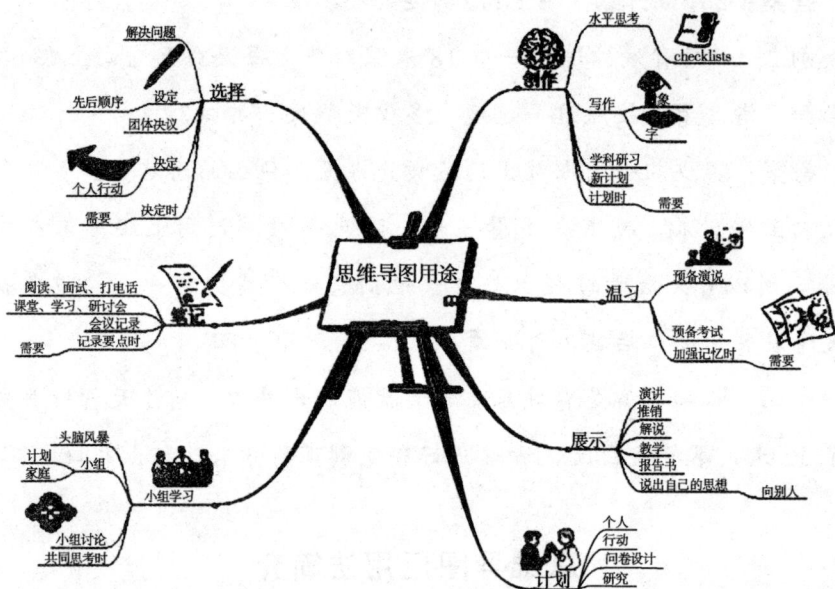

思维导图用途

解决问题 / 设定 / 选择 / 先后顺序 / 团体决议 / 决定 / 个人行动 / 决定时 / 需要

水平思考 / checklists / 创作 / 写作 / 像 / 字 / 学科研习 / 新计划 / 计划时 / 需要

阅读、面试、打电话 / 课堂、学习、研讨会 / 会议记录 / 记录要点时 / 需要

温习 / 预备演说 / 预备考试 / 加强记忆时 / 需要

展示 / 演讲 / 推销 / 解说 / 教学 / 报告书 / 说出自己的思想 / 向别人

头脑风暴 / 计划 / 家庭 / 小组 / 小组学习 / 小组讨论 / 共同思考时

个人 / 行动 / 问卷设计 / 研究 / 计划

科学研究已经充分证明：人类的思维特征是呈放射性的，进入大脑的每一条信息、每一种感觉、记忆或思想（包括每一个词汇、数字、代码、食物、香味、线条、色彩、图像、节拍、音符和纹路），都可作为一个思维分支表现出来，它呈现出来的就是放射性立体结构。这就是思维导图出现的原因。

随着人们对思维导图的认识和掌握，思维导图可以应用于生活和工作的各个方面，包括学习、写作、沟通、演讲、管理、会议等。学习中使用思维导图，可以帮助我们更好地解决实际问题，获取更多的创意，主要体现在以下几个方面：对你的思想进行梳理、以良好的成绩通过考试、更好地记忆、更高效快速地学习、制订学习计划、节省时间、解决难题、集中注意力等。

下面就跟我一起学习如何绘制思维导图。

思维导图的绘制工具如下：1. 一张白纸；2. 彩色水笔和铅笔数

支；3. 你的大脑；4. 你的想象。

思维导图的绘制步骤如下：

1. 从一张白纸的中心画图，周围留出足够的空白。从中心开始画图，可以使你的思维向各个方向自由发散，能更自由、更自然地表达你的思想。

2. 在白纸的中心用一幅图像或者图画表达你的中心思想。因为一幅图画可以抵得上 1000 个词汇或者更多，图像不仅能刺激你的创新思维，帮助你运用想象力，还能强化记忆。

3. 尽可能多地使用各种颜色。因为颜色和图像一样能让你的大脑兴奋。颜色能够给你的思维导图增添跳跃感和生命力，为你的创造性思维增添巨大的能量。此外，自由地使用颜色绘画本身也非常有趣。

4. 将中心图像和主要分支连接起来，然后把主要分支和二级分支连接起来，再把三级分支和二级分支连接起来，依此类推。

我们的大脑是通过联想来思维的。如果把分支连接起来，你会更容易地理解和记住许多东西。把主要分支连接起来，同时也创建了你思维的基本结构。

其实，这和自然界中大树形的有些方面极为相似。树枝从主干生出，向四面八方发散。假如大树的主干和主要分支，或主要分支和更小的分支以及分支末梢之间有断裂，那么它就会出现问题。

5. 让思维导图的分支自然弯曲，不要画成一条直线。曲线永远是美的，你的大脑会对直线感到厌烦。美丽的曲线和分支，就像大树的枝杈一样更能吸引你的眼球。

6. 在每条线上使用一个关键字。所谓关键字，是表达核心意思的字或词，可以是名词或动词。关键字应该是具体的、有意义的，这样才有助于回忆。单个的词语使思维导图更具有力量和灵活性。每个关键词就像大树的主要枝杈，然后繁殖出更多与它自己相关的、互相联系的一系列次级枝杈。

当你使用单个关键词时，每一个字都更加自由，因此也更有助于新想法的产生。而短语和句子却容易扼杀这种火花。

7.自始至终使用图形。思维导图上的每一个图形，就像中心图形一样，可以胜过千言万语，所以，如果你在思维导图上画出了10个图形，那么就相当于记了数万字的笔记。

下面的几幅图是一些同学的思维导图，大家可以参考：

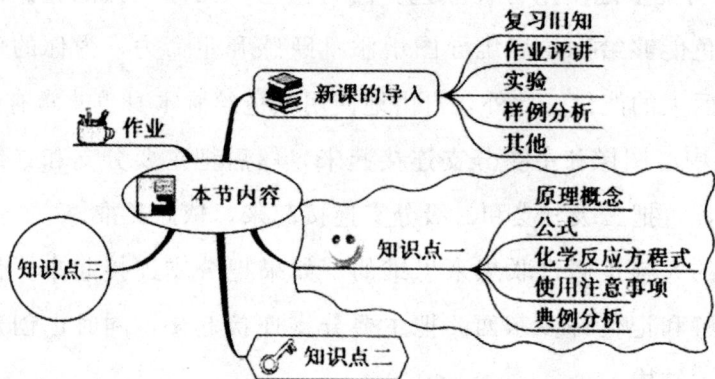

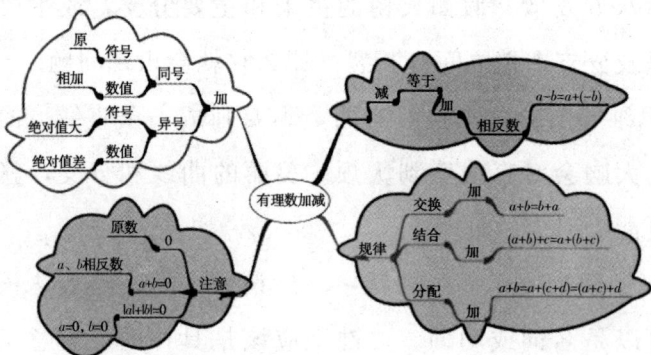

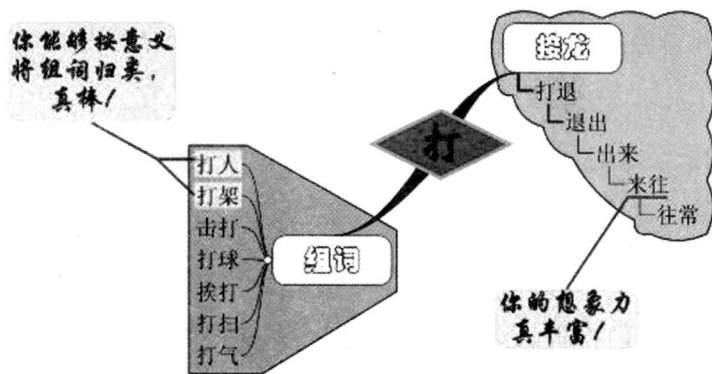

有了思维导图的帮助，我们就可以轻松解决学习上的很多问题了，但是冰冻三尺非一日之寒，我们必须养成习惯。在平时的学习中做到以下几点：

1. 根据课文或老师教的内容制作一张思维导图或几张迷你思维导图笔记。

2. 做完后，另外拿出一张白纸，不要看原本的思维导图，试着凭记忆把思维导图重新画一次。

3. 画完后跟原本思维导图对照看看，在自己遗漏的重点旁边加上图像，加深记忆。这样以后复习时，也可以提醒自己这块是自己容易遗漏或忘记的部分。

4. 不断重复这项练习，直到可以把内容完整地画出来为止。

5. 在脑海中想一遍，直到思维导图的内容重点与图像能在脑海中完整清晰地浮现为止。

第四章　轻松提高记忆

21世纪，人类进入一个崭新的时代，以知识经济为主的社会经济模式展现在人们面前，人们需要更快、更多、更牢固的学习、掌握各类知识。人们对时间、对知识的渴望从来没有像今天这样迫切过。这样的社会需要我们掌握快速记忆的方法，缩短记忆时间，在短时间内记忆、掌握大量内容。本章我们一起来看如何轻松提高你的记忆力。

挖掘你的记忆潜能

记忆是一种复杂的脑力劳动，那么，大脑是怎样记忆的呢？

在人的头骨里，大脑的形状像一个放大了的核桃仁，灰白的颜色，柔软的质地，布满皱纹。大脑里的神经纤维纵横交错，四通八达，构成了一个极为复杂的信息传递的网络系统。

人脑内有数十亿个神经细胞，它们相互之间通过神经突触相互影响，形成极其复杂的相互联系。记忆就起着脑神经细胞之间的相互呼叫作用，其中有些相互呼叫作用所维持的时间是短暂的，有些是持久的，而还有一些介于两者之间。因此，形成了记忆的短暂性、长久性和不稳定性。

学习过程中的认识、记忆、分析和综合等与大脑的各种不同部位有联系。注意力和记忆的过程，需要丘脑、脑干网络结构，还需要海马部位和与它相连的边叶结构参与。脑垂体后叶分泌的血管加压素有提高学习效率和延长记忆的作用，脑啡肽和内啡肽可提高活动积极性和加强记忆力。

人脑贮存信息的量约为 10^{15} 比特，这比目前的数字电子计算机贮存信息的总量还要大一百万倍，其数量与全世界图书馆现存书籍的总信息量相仿。美国麻省理工学院的一份报告说："假如你好学不倦，那么，你脑子一生贮存的各种知识，将相当于美国全国图书馆馆藏书的 50 倍。也就是说，人的脑子里可以容纳 5 亿多本书的知识。"所以说，如果你认为自己的记性差是因为你大脑的记忆容量过小是没有道理的。

不论从大脑的结构上来说，还是从大脑的贮存量来讲，记忆潜能是可以挖掘的，记忆方式是可以训练的。

多米尼克是拥有吉尼斯世界纪录的记忆奇人。许多人可能会以为多米尼克从小就是记忆天才，然而事实上恰恰相反。

多米尼克从小就患有"阅读障碍症"以及"注意缺陷障碍症"，是儿童多动症的一种表现形式，记忆和阅读都有困难，理解力也比班上的同学慢许多。当他在听课的时候，他的注意力总是很难集中，不由自主地会开小差，脑海中经常会出现与上课内容无关的其他画面，很难把注意力集中到老师的讲课中来。

但是后来，他可以准确地记忆一共 54 副扑克的排列顺序，54 副扑克共有 2808 张牌（去掉大小王后每副扑克为 52 张牌）。每张牌仅仅能够看一次，这是一项令人难以置信的对人类记忆力极限的挑战。结果多米尼克花了 3 个小时来一张一张地记忆这些已经被洗得非常均匀的扑克牌，然后用了 1 个小时来对自己大脑中的记忆进行整理。最后，多米尼克花了 4 个小时来准确回忆出这 2808 张牌的顺序。

多米尼克的记忆训练方式是这样的，他充分地运用了自己右脑想象力的优势，把一张张扑克牌经过想象力的加工之后转变成一个个生动鲜明的图像。逐次翻开这一副洗匀的扑克牌，也就意味着逐渐打开了一个生动、有趣、夸张的故事。当他在想象之中像看电影一样地看完这个故事之后，扑克牌的排列顺序也就深深地印在脑海之中了。

很快，多米尼克的记忆力就在这种想象力的训练之下迅速地提高了。1991年，多米尼克参加了由"世界大脑先生"托尼·博赞所发起的第一届世界记忆锦标赛，获得了第一届记忆锦标赛的总冠军。此后，他又获得了1993年、1995年、1996年、1997年、1999年、2000年、2001年的冠军，并获得1994年及2002年的亚军。在世界记忆锦标赛从1991年开赛以来，多米尼克共获得8个冠军、2个亚军，成为人类历史上最令人赞叹的记忆天才。

曾经患有"阅读障碍症"以及"注意缺陷障碍症"的多米尼克经过正确的记忆训练，充分发挥自己的记忆潜能，最终成为令人惊叹的记忆天才。当你感到记忆力不如别人的时候，请不要埋怨自己太笨，因为你可能是没有找到适合自己记忆的方法，没有充分发挥自己的记忆特长，或者是不知道自己最佳记忆时间在哪里。整天忙于记忆，却没有在深思熟虑后筛选出"精华"的东西。

在第二章已经介绍了大脑的左右脑，左脑具有理性、逻辑、分析的特点，用于处理文字、计算等内容；右脑具有感性、直观、综合的特点，用于处理绘画、音乐等内容。大部分人的一生用脑，只占大脑利用率的1％不到。伟大的爱因斯坦也只用了不到10％。研究证明，右脑的开发尤其重要，右脑效率比左脑高100万倍。

左脑记忆是语言性记忆，这是我们现在常用的；而右脑记忆是图像性记忆，将图片文字当成图像摄入脑中，像照相一样，将所有的内容在大脑中定格为一幅图，之后回忆时，脑海中出现的也是图像。每个人都可以通过训练获得这种能力，右脑得到开发之后，不论什么记忆都可以变成图像贮存。

下面是一个开发右脑的小练习，3分钟你能记住吗？

步骤1：将40张数字牌转化为相应的数字。针对扑克牌的四种花色，可以设定红桃为1，黑桃为2，梅花为3，方片为4，相应地，红桃3对应的数字就是13；方片5对应的数字就是45。

步骤2：对40张数字牌进行编码

利用谐音法、形象法等各种方法将第一步中转化得出的数字进一步转化成为图像。

例：红桃6——16——石榴（谐音法）

梅花5——35——珊瑚（谐音法）

黑桃2——22——鸳鸯（形象法）

步骤3：将12张J、Q、K转化为相应的人物。可以选择自己熟悉的亲朋好友，或者喜欢的卡通人物。

步骤4：现在我们已经得到了52个图像，要记忆这副52张的扑克牌就是要将这52个图像连接起来，运用想象，开始编故事吧。

记忆与遗忘

很多同学都害怕记，即使花心思去记了，没有过多久就忘得一干二净，浪费了时间，也消耗了精力。大脑为什么会遗忘？大脑遗忘有什么规律可循？当我们了解了这些，就能减少遗忘，增强记忆。

一、大脑遗忘的原因

1. 没有引起注意

对于一些事情记不起来，不能说明你的记忆力差，可能是因为没有引起你的注意。例如：当你正襟危坐，眼睛盯着黑板前的老师，可能你正在走神，老师讲的并没有引起你的注意，这样当然没有办法记住所学的内容了。

1871 年的圣诞节这天，爱迪生和玛丽举行了热闹的婚礼。

有趣的是，婚礼刚刚结束，爱迪生就腼腆地走近新娘，咬着耳朵悄声地说："亲爱的，我有点要紧的事到厂里去一趟，待会儿肯定回来陪你吃晚饭。"新娘一听，心里很不乐意。她在纳闷："一屋子客人，你这么早就走了，剩下我一个人怎么对付？什么要紧的事，为什么要在这个时候办！"这个想法还没讲出口，新郎就告别了新娘，大步流星地走出门去，弄得满堂宾客莫名其妙。原来，就在举行婚礼的时候，爱迪生的脑海里突然浮现出一个解决自动电报机的方案，这是他多少天来冥思苦想，一直未能解决的问题。他喜出望外，急于要去做实验，就把新娘和来客扔下不管了。

爱迪生一跨进实验室，连忙脱下礼服，聚精会神地干了起来。时间一分一秒地过去了。夜幕已经降临，但爱迪生像着了迷一样，似乎全然不知。他习惯地点了灯继续做他的实验。吃晚饭的时间已经过去，新娘望眼欲穿，就是不见新郎的踪影。她压住心头之火，只得和客人们一起先吃了，到了晚上 10 点多钟，新郎还是没有回来。贺喜的宾朋好友在闷闷不乐的气氛中陆续告辞了。新娘再也忍耐不住了，就请人前去寻找。去寻找的人走进实验室，看见爱迪生还在那里埋头苦干，就大声喊道："好啊！你这个新郎是怎么搞的。不要新娘啦。"顿时，把新婚忘得一干二净的爱迪生如梦初醒，问道："现在是什么时候了？"那人回答说："已经晚上 12 点啦！"说着，爱迪生急忙收拾好仪器和工具，回家向新娘"请罪"去了。

爱迪生忘了自己的新婚，但是他却没有忘记他的公式、定律、数据等。引起注意的记忆才能在记忆的时间保持更长。

2. 信息排斥

当你已经在心理上对所学知识有了排斥心理，认为这个知识对自己而言太难，看到就很痛苦，那么这个知识你可能永远都学不会，但是同时，你也会对这个知识记忆最深，虽然不理解内容。所以，有时候当遇到自己很排斥的内容时，不妨换个思路，争取把它学会，这样反而会提高自己的记忆力。比如，如果我们特别不喜欢某个人，可能对他的名字记得更牢。

3. 信息干扰

干扰是经常出现的遗忘因素。当我们在记忆内容相近的单词表时，因为内容太相近了，发现记忆每一张单词表的能力呈显著下降趋势。不过，针对这一现象，也有补救措施，那就是不要过于长时间、过于单调地学习相近的内容。背英语单词表时，背一些之后可以休息一下，学些其他东西，再回头背单词。此外，要学的东西越是缺乏含义，相互干扰的作用就会越明显。所以就要不断尝试通过联想去找一个含义。

二、艾宾浩斯遗忘曲线

德国心理学家艾宾浩斯通过对无意义音节和重复学习方法的实验研究，得出了一个根据实验结果绘成的图表，这就是"艾宾浩斯遗忘曲线"。从艾宾浩斯遗忘曲线可以看出：在学习中的遗忘是有规律的，遗忘的进程不是均衡的，不是固定的一天丢掉几个，转天又丢几个的，而是在记忆的最初阶段遗忘的速度很快，后来就逐渐减慢了，到了相当长的时间后，几乎就不再遗忘了，这就是遗忘的发展规律，即"先快后慢"的原则。

观察这条遗忘曲线，你会发现，学得的知识在一天后，如不抓紧复习，就只剩下原来的 25％。随着时间的推移，遗忘的速度减慢，遗忘的数量也就减少。有人做过一个实验，两组学生学习一段课文，甲组在学习后不久进行一次复习，乙组不予复习，一天后甲组保持 98％，乙组保持 56％；一周后甲组保持 83％，乙组保持 33％。乙组的遗忘平均值比甲组高。

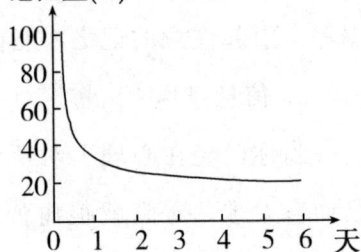

艾宾浩斯记忆遗忘曲线

三、大脑遗忘的规律

1. 中间内容比两头更容易遗忘

美国心理学家荷蒲兰德博士曾做过这样的实验：他把 12 个单词排成一行，让别人来记忆，看哪个词最容易忘记。实验结果表明，没有一个人会记错第一个词和第二个词，第二个词以后，错误见多。第七八个词错误率最高。往后错误逐渐减少。第十二个词的情形就和第二个词一样，错误极少。他把这整个错误起伏的情形称为"记忆的排列位置功效"，证明排在前面和结尾的材料记忆效果好。

2. 不感兴趣的比感兴趣的容易遗忘

心理学家们认为，凡是能惹起兴趣的事物，都能集中注意力并让大脑首次识记时印象深刻，大都容易被长时间记忆起来。痛苦的记忆往往会在梦里出现，心理学家弗洛伊德对此的解释是："凡是威胁自我的记忆，都被打入潜意识的控制范围内，无法爬升到意识的阶层上来。"

大脑对自己感兴趣的东西，其接受能力就比较强了，记忆也更深刻。兴趣是记忆的润滑剂，积极的情感能提高大脑的激活水平，利于记忆。

3. 不理解的比理解的容易遗忘

有实验表明，人们也许一次仅能勉强记住 7 个互不相关的无意义的音节或号码，但能毫不吃力地记住包含 60 个以上音节的明白易懂、生动有趣的课文；记一组互不相干的 9 个数字难，但记一组依序排列的几十个乃至上百个数字易。

当对所学知识理解了，能把握事物间的关系时，记忆就容易了。

4. 其他规律

印象浅的比印象深刻的容易遗忘；无意义材料比有意义材料容易遗忘；陌生的比熟悉的容易遗忘；不急需的比急需的容易遗忘；单器官接收的比多器官接收的容易遗忘；没有联想的比加入联想的容易遗忘，无长远记忆动机的比有长远记忆动机的容易遗忘……

四、重复可以克服遗忘

心理学中，有人根据复习次数、时间间隔、淡忘速度三者关系画了一条记忆曲线。发现重复的次数越多，忘得越慢。

爱因斯坦创立"相对论"后，各大学纷纷请他去做学术报告，爱因斯坦整天奔波于各个大学之间，十分疲劳。

有一次，爱因斯坦的司机说："教授，你太累了，下次让我代你去做吧！我听了那么多次你的演讲，你讲的那些东西我都能背出来。"

爱因斯坦欣然同意："好极了！下次就让你去，你扮作我，我扮作你的司机，坐在台下休息。"果然，司机在台上讲得头头是道，爱因斯坦暗暗佩服司机的记忆能力。

报告终于结束了。这时，一位教授向台上的"爱因斯坦"提出一个复杂的问题。"爱因斯坦"顿时傻了眼，但是，他灵机一动，对这位教授说："这个问题太简单了，我的司机就可以回答您的问题。"他把坐在台下的真爱因斯坦叫上台来，代他回答了问题。真爱因斯坦从容地回答了这位教授的问题。这时候，学生们都惊叹地说："想不到爱因斯坦博士的司机也如此有学问啊！"

记忆的深浅不仅与刺激的强度有关，而且与重复的次数有关。不重复，记住的知识就会在遗忘率的支配下慢慢遗忘。

注意力要集中

上课时集中精力听讲，看书时聚精会神，做作业时专心致志，这才是学习最根本的保证。在学习中专注，不仅能提高自己的注意能力，而且也能提高记忆力。

下面是一些名人集中注意力工作的逸事。

牛顿逸事

有一次，牛顿由于全神贯注地思考一个课题，错把一只怀表当鸡蛋放入锅中煮沸，直到吃饭时揭开锅才发现。

还有一次，一位朋友来看望牛顿，约好了一起进餐，饭菜已经摆在桌子上，牛顿却没有从书房出来。这位朋友早已经习惯了牛顿的怪作风——工作告一段落后才能出来，就独自一人吃了起来。他吃完了那盘烤鸡，就和牛顿开了个玩笑，把所有的鸡骨头都放回盘子里，把盖子盖上就离开了牛顿的家。几个小时之后，牛顿从书房里出来，感觉到饿了，于是揭开盘盖，看到盘子里的鸡骨头，自言自语道："我还以为没吃呢，又弄错了！"说完他又回到书房进行思考和工作。

拉瓦锡解数学题

拉瓦锡在集中注意力解一道感兴趣的数学题，后来发现自己把数学题写在一辆出租马车的后壁上，徒步跟着马车——马车走到哪里他就跟到哪里，手里还拿着粉笔。在这之前，他丝毫未意识到自己已经下楼并且来到了马路上，还跟上了这辆马车，并且将其后壁当做黑板使用。

"陀螺"居里夫人

居里夫人在集中注意力学记知识、经验和从事科学研究时感受到："当我像嗡嗡作响的陀螺一样高速度旋转时，就自然排除了外界各种因素的干扰。"

他们工作全神贯注，不受任何其他干扰，取得很大的成绩。

下面是摘自小学课文《全神贯注》的一段话：

"茨威格怕打扰雕塑家工作，悄悄地站在一边。只见罗丹一会儿上前，一会儿后退，嘴里叽里咕噜的，好像跟谁在说悄悄话；忽然眼睛闪着异样的光，似乎在跟谁激烈地争吵。他把地板踩得吱吱响，手不停地挥动……一刻钟过去了，半小时过去了，罗丹越干越有劲，情绪更加激动了。他像喝醉了酒一样，整个世界对他来讲好像已经消失了——大约过了一个小时，罗丹才停下来，对着女像痴痴地微笑，然后轻轻地吁了口气，重新把湿布披在塑像上。"

这段描写，十分生动。罗丹工作的情景简直达到了忘我的境界，让人感到他神情的专注。罗丹在雕塑时注意力高度集中，仿佛把雕像当做活人一样对待，对雕像的每一细微处都毫不马虎，精雕细刻。当他眼中的作品达到完美时，他才满意地把湿布披在塑像上，全然忘记了身边的朋友。

可能你会说："我已经做了很大的努力，却老是集中不起来。"读书学习时分心走神，看了半天书，脑子里仍是一片空白；课堂听讲时人在心不在，一堂课下来不知老师讲的是什么。注意力不集中、不稳定，当然记忆就没法提高。那么，怎样才能使注意力高度集中起来，提高记忆力呢？

注意力要集中，首先要避免对学习产生厌恶的心理。1. 学习不能三心二意，三心二意干两天，不如一心一意干一小时。2. 一旦学习没有效果，就干脆休息。休息分为三种形式：第一种是闭目养神或睡眠；第二种是间接休息，学习学累了可以从事一些放松性活动，比如听音乐、唱歌、打球、散步等；第三种是交替学习，可以是文理交替，体力劳动和脑力劳动交替。3. 学习工作之前要做好物质和精神上的准备。避免在学习中因为所需的东西不齐而造成学习分心。

其次，要高效分配注意力。课堂听课既要听课又要记笔记，还要进行思考，这时一定要合理分配注意力。听课时要认真盯着老师，但老师讲的东西课本上没有，就要拿起笔来进行记录。遇到需要认真思考时，就要主动思考。有的同学为了记笔记而耽误了听课，有的却只注意听课而对老师所讲的精华部分却忘记了记录，这些一闪即逝的东西下课就会忘记，对自己学习造成损失，因此，一定要分配好注意力，使自己该记录的时候记录，该思考的时候思考。

再次，及时转移注意力。因为一些琐事或一次考试不理想会影响自己的情绪，如果不及时转移自己的负面情绪会影响自己的学习。如何转移注意力，我想应该是到户外运动一下，用周围的风光吸引自己的注意。当看到高山的雄伟、大海的包容时，自己的不悦情绪会随之烟消云散。

最后，警惕干扰注意力的因素。在开始学习之前，一定要把与学习无关的物品从课桌上清理干净，防止自己感兴趣的东西干扰自己的学习。另外，在听课时要面对老师，看着老师的一举一动，让自己的思维围绕着老师的思路活动。在读书时，要面对书本，不要面向左右邻近的同学，因为同学们的一举一动会吸引你的注意，使你偏离书本，不容易进入阅读和学习状态。当你做作业时，一定要面对课本和作业本，给自己定下一个完成作业的时间，争取提前完成任务。这样在你和时间比赛的过程中，你就会专心致志，不被周围的人和事所吸引。

如果你真的很难管理自己，就用以下方法提醒自己：

1. 自我提示。写一些警示语在纸条上，放置在自己桌子的醒目位置，时刻提醒自己集中注意力。

2. 自我记录。当自己因为一些事情影响听课时，你就用一个专门的本子做记录，经常记录，经常总结，只要自己留心，走神的次数就会逐渐减少。

3. 自我惩罚。当自己精力分散时，给自己一个小惩罚，以此加深对这次错误的认识。惩罚的措施灵活多样，可以是多做几道习题，或者是打扫卫生，或者其他。只要自己留意，当你在不经意中让思想抛锚时，你就会想起曾经因此而受的惩罚，你会立即终止这样的行为，重新回到课堂上来。

瑞士科学家设计的一套仅用1～2分钟就可以完成的"视觉和听觉配合训练"，对集中稳定注意力十分有效。具体的操作是这样的：

闭目凝神，想象自己在空气中描绘出一个点。此刻心中只有这个点，然后，慢慢将点延伸为一条直线，再随时间拉长，然后描绘出较为复杂的星形或涡形，并且每天将图表复杂化。应特别注意的是，在凝想时，尽量避免受到外在声音的干扰。这样持之以恒的练习，视觉和听觉就能配合自如，而注意力集中程度也将大为提高。

我们还可以用这种默想的方式，每天专心听时钟的滴答声。第一天 10 次，第二天 15 次，第三天 20 次，逐次增多，每次都十分专注地聆听，半个月后，便能养成专心致志的习惯。

高效记忆十法

1. 理解记忆法

理解和记忆紧密联系，理解越深，记忆越牢，若要记住必先懂得。理解能使记忆内容"活化"，是记忆的催化剂。对记忆内容越理解，越能使大脑思维的暂时神经联系变得更活跃，从而形成种种反思、联想，产生更为良好的记忆效果。如果不理解记忆对象的含义，就不容易记住，即使勉强记住了，也很容易遗忘。"强记不如善悟"的道理即在于此。

理解是记忆的基础，是克服遗忘的有力手段。古今中外的记忆实践及心理学的种种实验，都证明理解记忆法的优越性。采用理解记忆法，要弄清记忆对象的含义、意义，要经常重复已经记忆的材料，使理解不断加深，要把获得的知识应用到实际生活中去，要善于将已有知识和要记的知识相沟通，建立新的联系。

例如：记忆一篇文章，要理解其中心思想，理解它的结构及各部分的含义、各部分之间的联系，要理解文章阐述的问题发生原因和结果等等。这样，把握了文章的内部联系并使文章内容同已有知识联系起来，记忆起来就容易了，并且准确、牢固得多。

2. 推理记忆法

通过相互推导来帮助记忆的方法。此法多用于数理知识的记忆。

人们要记住一个结论，最好的办法是寻找与这相关的东西，并建立联想，而推理恰是与结论关系最密切、最直接的东西，而且二者之间的联系是本质的、恒定的，掌握了推理过程就能轻易记住结论，即使一时忘了也能重新推导出来，因而推理记忆法是行之有效的记忆方法之一。

例如：要记忆代数公式 $(a+b)^2 = a^2 + 2ab + b^2$。应该从两项式的自乘、交叉相乘的推理过程去记，这样不仅易于记住结论，而且在遗忘时可以再推导出来。

3. 规律记忆法

寻求和推导记忆对象中本质的、必然的联系加以记忆的方法，任何事物都有规律可循，找到了规律就可以取得非常好的记忆效果。因为规律具有普遍性、重复性的特点，抓住共性，就能联系个性。

规律记忆法是一种高级的记忆方法，其最直接、最突出的优点是可以减轻大脑记忆的负担，从而掌握一把可以解开许多难题的钥匙。

例如：数学中两角和与差的三角函数有几十个公式，有的学生抓住两角差的余弦公式这个基础推论，很轻松地记住了40多个公式。又如，现代汉语中构成句子的成分十分复杂，有人摸索它的规律："主谓宾，定状补，主干枝叶分清楚。基本成分主谓宾，附加成分定状补。定语必在主宾前，谓前为状谓后补。"记住这个规律，就可以很容易地划分句子成分，并且记住划分句子成分的诸多规律。

4. 联想记忆法

联想记忆法，就是将记忆材料与存储在大脑的相关信息串联起来，以提高记忆的一种方法。一个人的联想力与记忆力具有很大的关联，甚至有些时候，回忆就是联想，或者说联想就是记忆。如果一个人具有十分活跃的联想力，他就很难不具备强大的记忆力，良好的记忆力往往与强大的联想力联系在一起。

实践表明，让联想想象帮助记忆，是抵抗遗忘的最佳选择。大脑喜欢记忆联想巧妙、想象丰富的事物。学会联想想象后再让它帮助记忆，会收到更好的效果。

下面是一位同学总结的他如何使用联想记忆法的过程，让我们一起来学习借鉴一下。

（1）接近联想法。在记忆历史的时候，我经常采用的方法就是在书边做一些小标记，有时候会画一些小图或符号，它们的确帮助我记住了很多东西。比如说，在记忆明代的大学士张居正实施"一条鞭法"的时候，我就在书边画了一个人拿着一条鞭子。后来，每当我想到这件事的时候，我的大脑中就会浮现这一图形，时间久了，张居正和"一条鞭法"之间的联系就再也割舍不开了。

（2）相似联想法。两种事物相类似时，往往会从这一事物引起对另一事物的联想。把记忆的材料与自己体验过的事物联系起来，记忆效果就好得多。在外语单词中，有发音相似的，有意义相似的，这些都可以利用相似联想来帮助记忆。

例如：记忆英语词组时，联想到一些熟悉的方式，或者是容易记住的东西来记忆词组，比死记硬背要强很多，运用这种方法，字面与实际意思迥异的词组的识记问题，就可以迎刃而解了。

5. 图示记忆法

通过对图形识记来增强记忆效果的方法。甚至有人认为："如果没有脑中图像的话，人类的记忆力是没什么价值的。"

据心理学家研究，用文字识记和用形象识记材料的记忆效果相差悬殊，物体的视觉形象比词的视觉形象容易记，而且可以保持长久。利用图表、图示等形式把知识之间的联系和关系表现出来，既便于理解，又便于记忆。如到一个新城市或游览新公园之后，对照地图或导游图回忆途中所见，印象十分深刻。采用图示记忆法，需要尽可能地将识记对象分析加工，使其图示化，这个过程可以加深对材料的理解，加深印象，获得的图形形象简洁，便于记忆，利于通过联想进行回忆。使用现成图形时，应正确理解图形的含义，再按图示去记忆，这样才能收到准确、持久的记忆效果。

6. 比较记忆法

通过将知识点之间进行对比可以加深记忆。

比较记忆的方法很多，主要有以下几种：

（1）对立比较法。记忆时，把相互对立的事物放在一起，能形成鲜明的对比，容易在大脑中留下清晰的印象。

（2）类似比较法。很多事物、知识在表面上极其相似，但本质上却有差异，记忆时，可以找到相似点和不同点，予以比较。

（3）对照比较法。指同类材料的不同表达方式之间的比较，这是一种横向对比。一般做法是把同类的若干材料同时并列，在学习过程中进行比较。

（4）顺序比较法。指新旧知识之间的比较，这是一种纵向比较。一般做法是在接触新知识时，把它与头脑中已有的知识相比较，看它们之间的联系、相同与不同之处。

例如：要记住一个人，你可以这样想：他的相貌像王老师，他的语言像邻居张大叔，他的名字与表哥一样，只是姓不一样……通过这些比较，就不容易忘记了。

7. 简化概括记忆法

对所记材料进行提炼、抓住关键部分的记忆方法。此法多用于记忆比较复杂的知识。

对材料进行概括，需要积极的思维活动，经过充分思考，把精华提炼出来，这一过程会加深对材料的理解，提高对材料的认识，使自己站在抽象思维的高度通盘把握材料，概括得出"结晶体"，言简意赅，有代表性，又容易与头脑中原有的知识联系挂钩，易记难忘。经过概括的材料，在量上大幅度减少，在质上成倍"增长"，会显著提高记忆效率。

采用简化概括记忆法可有多种形式：

（1）主题概括。一篇材料总有主旨，概括出它的中心主题，就能提出要领，记住它的全部内容。

（2）内容概括。选取关键性的字句，抓住梗概。

例如：对"井田制"的内容，可以简化为"君有、侯用、奴耕、井形"。需要时再添枝加叶就可以了。

（3）简称概括。对较长的名词、概念赋予其新的简化名称。

（4）顺序概括。把识记材料按原顺序概括，记忆时突出顺序性。

例如：对王安石变法的内容从顺序上可概括为"一青（青苗法）、二募（募役法）、三农（农田水利法）、四方（方田均税法）、五保（保甲法）"。

（5）数字概括。用数字概括识记材料的内容。

例如："三大纪律八项注意""四个坚持"等等。自然这些方法并不总是泾渭分明的，许多情况下，通过综合运用可以取得比单独使用好得多的记忆效果。

8. 列表记忆法

把所记忆的材料或事物排列成表加以对照的记忆方法。此法可以广泛应用于各种知识的记忆。

表者明也，表的作用在于提纲挈领地表列事物，以便一目了然地看清事理；可以把分散、零碎的材料组织起来，从整体上掌握记忆对象；可以把所要记忆的材料互相比较和分类，以便更清楚地看到表列内容的联系和区别的特点，从特征上记忆对象；还可以把先后学习的材料顺序排列、系统组合，从规律上掌握记忆对象。因而，列表记忆法是自古以来就被广泛地采用而且记忆效果甚佳的记忆方法。

例如：司马迁在《史记》中用了《三代世表》《十二诸侯年表》等十表，目的就在于方便比较记忆。马克思在晚年作了一部很详尽的世界史年表，恩格斯把它定名为《编年史》，用以把分散的材料组织起来，方便记忆。鲁迅做《贾氏谱大要》表，使《红楼梦》中贾家诸多人物的复杂关系一目了然，十分好记。有许多同学在学习过程中，善于将相关的材料列成表格一齐记忆，收到了很好的效果。

9. 循序渐进记忆法

按照学习内容的本来顺序，一步一个脚印地逐渐积累，陆续记忆的方法。

南宋学者朱熹说过："未得于前，则不敢求其后，未通于此，则不敢志乎彼。"讲的是读书之法在于循序渐进。他还打比方说，学习记忆若不是循序渐进，犹如饿汉闯入餐馆，看到大盆小碗、鱼肉糕点，恨不得一口吞下去，粗嚼快咽，虽填满一肚子，却没有品尝到滋味，甚至因消化不良而引起疾病，这种食多嚼不烂的学习记忆法，是不会有好结果的。良好的记忆依赖于与以往知识结构之间的联系，记忆也需要自己的基础，只有循序渐进、逐步积累，才能收到良好的效果。贪多求快，往往欲速则不达。按照循序渐进记忆法，前边的没记住不急于记后边的，像盖房子那样，每一层根基都打牢固，在牢固的基础上建造，就能使房子越盖越高，知识越记越多，达到学习记忆的目的。

10. 分类归纳记忆法

心理学教授曹日昌说："在人的识记活动中，对材料的分类、分组是很重要的一个步骤。人的经验是分类保持的，唤起过去的经验（回忆）也要借助经验类别的。"人在记忆时能够对经验分类分组，是由于社会实践中有储存物质的分类分堆的经验。没有社会实践中的分类分堆，人在识记材料时对材料分类分组是不可想象的。

分类归纳记忆便于快捷提取信息。人的大脑如同一座图书馆，需用信息如同书籍。经过归类编目的书籍井然有序地摆放在书架上，在用时能快捷取出。而未经归类编目的书籍则杂乱地堆放在一起，需用时，一时半会儿也找不出来。

例如：化学上有关的物质分类如下图，通过这种归纳分类，物质的分类就非常清晰了。

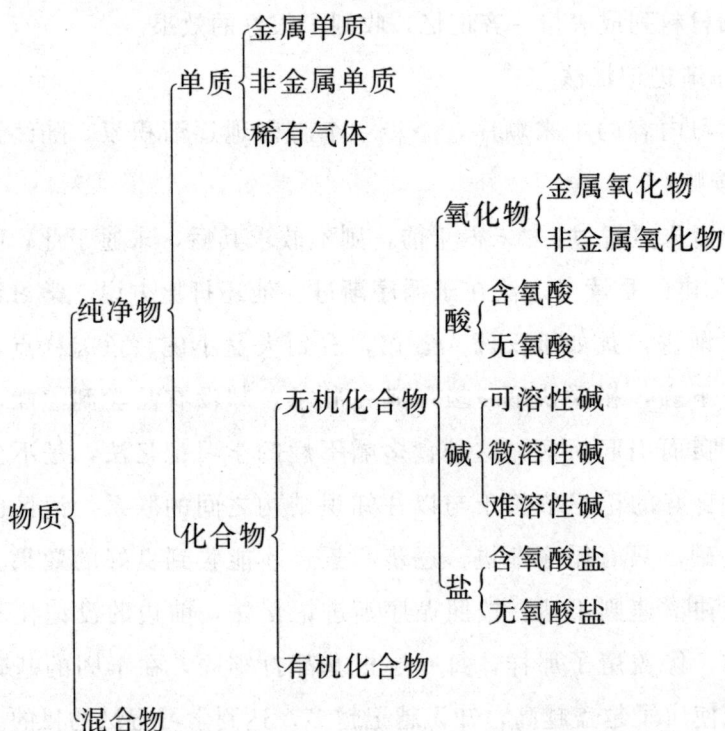

- 物质
  - 纯净物
    - 单质
      - 金属单质
      - 非金属单质
      - 稀有气体
    - 化合物
      - 无机化合物
        - 氧化物
          - 金属氧化物
          - 非金属氧化物
        - 酸
          - 含氧酸
          - 无氧酸
        - 碱
          - 可溶性碱
          - 微溶性碱
          - 难溶性碱
        - 盐
          - 含氧酸盐
          - 无氧酸盐
      - 有机化合物
  - 混合物

训练记忆力的题

· **训练** 1

需记的原型信息:

"家用电器、火车、鸭、自行车、电脑、微波炉、孟姜女、电视、马、飞机、冰箱、马车、家禽、交通工具、万里长城、嫦娥、家畜、奔月、焚书坑儒、洗衣机、汽车、鸡、跳山涧、鹅、秦始皇、猪、蹬鹰、牛、哭、电风扇、老虎、吹风机、兔子、羊。"

记忆分析:

先打乱原型信息的原有序次,按照习惯重组为如下 5 个部分:

"家用电器:电脑、微波炉、电视、冰箱、洗衣机、电风扇、吹风机。交通工具:飞机、火车、汽车、自行车、马车。家畜:牛、马、猪、羊。家禽:鸡、鸭、鹅。动作:老虎跳山涧、兔子蹬鹰、孟姜女哭万里长城、秦始皇焚书坑儒、嫦娥奔月。"

然后按顺序将 5 块综合在一起记忆,原本无序的杂乱信息记忆起来就容易多了。

· **训练** 2

需记的原型信息:

舞只有旁两跑飞蝴在蝶马的骏着花踏香奔蹄

按规律重组:

踏着香花的骏马在奔跑,蹄旁有两只蝴蝶飞舞。

记记看,是否按规律重组之后就有意义了,记忆起来就便捷多了——经过重组之后,这些原本没有联系的单字变成了一个有意义的句子,记忆起来很轻松。

·训练 3

需记的原型信息：123123123123   123321123321

记忆分析：

先探究出第一组数字是"4 个 123 依序排列"的规律和第二组数字是"两个 123321 依序排列"的规律，然后再按照此规律记忆。

·训练 4

需记的原型信息：电话号码 24361

记忆分析：

一位朋友与爱因斯坦通电话时说："我的电话号码很不好记，是24361。"爱因斯坦马上回答："这有什么难记的！两打加 19 的平方就是了。"大家算一下，两打是 24，19 的平方是 361。如此一来，原本没有联系的几个数字产生了联系，有助于加强记忆。

下篇 量体裁衣 因"科"制宜

第一章 语文——厚积薄发

吕叔湘先生说过:"学习语文不是学习一套知识,而是学一种技能。"有关专家认为,学好语文有两个不可或缺的东西,一是扩大知识面,二是发展思维加工能力。当你能真正做到这两点时,你的语文成绩一定会突飞猛进的。

知识的积累

语文的学习是一个长期积累的过程。高尔基说:"人的知识愈广,人的本身也愈臻完善。""冰冻三尺,非一日之寒",语文水平的提高并非是在一朝一夕就能完成的。小到一个字,一个词,一句话,大到一篇朗诵,一篇作文,都要平时的积累。

一、立足课本

课本中介绍了大量的文学常识,也有一些很好的知识归纳,从课前提示、课文、课后练习以及单元知识总结中,我们可以学到很多语文基础知识。而且熟悉课本,也有利于作文。课本中的课文都是各类文体的典型,认真分析课文有助于我们掌握文体知识,熟悉各种艺术技巧。课文是我们学习语言最丰富的源泉,其中不少词汇和句式都值得我们揣摩学习,而且课文还可以作为写作时的材料。

二、多读报看杂志

语文是细水长流靠慢功的学科。只有具备丰富的知识积累和阅历，才是中考考场上游刃有余的不二法门。社会有多大，语文课堂就有多大，生活中处处皆语文。陆游先生诫子云："汝果欲学诗，功夫在诗外。"

当我们在读报纸、看杂志、看某些文章的时候，都可以有意识地把一些自己认为好的句子、词语，或者有意思的人物事迹记录下来，可以用笔作文字记录，也可以把它们记在脑子里。如果我们能够常常留心，随时积累，对我们的语文水平是有很大帮助的。

三、多读课外阅读

学习语文，固然要学好课内知识，但不能忽略课外知识，因为这是课内知识的扩展和延伸。平时可以多读散文、诗歌，细细体味其中优美的词句、精巧的构思、高明的技巧，不妨反复咀嚼，摘抄记忆，化为己用。还有，阅读时应该注意作品的时代背景，了解作者的生平情况、写作风格，这样有助于理解作品。只要你肯钻进书的海洋游历一番，经过一段时间后，你就会发现曾经结结巴巴的你居然能出口成章了。博览群书确实能快捷有效地积累知识，能在潜移默化中提高阅读能力和语言的综合能力。一般来说，阅读量增加了，语文水平自然也就提高了。

四、多朗读背诵

许多老夫子教导他的弟子时常常会说："读书不厌百回读""书读百遍，其义自见""熟能生巧，多读才能多写"。多读多背才能积累更多的知识。

许多名家大师，当他们在事业上、学习上、学问上取得巨大成就时，常常会情不自禁地谈到自己得益于青少年时期大量背诵古诗文。据说茅盾能全文背诵《红楼梦》；瞿秋白的诗，许多是集唐人诗句而成的，却能作的天衣无缝。从以上事例中，我们可以感受到：多多背诵古诗文，能积累语言，增长自己的文学才华，受到美的熏陶，受到人文精神的滋养，从而成为自己终身的一笔财富。

下面给大家介绍几种读书背书的好办法。

1. 理解背诵。对要求背诵的课文，要理解文章的内容、时代背景，理清先后顺序，抓住要点，了解课文各段的主要内容，背起来就容易多了。

2. 朗读背诵。读书要做到"三到"。即眼到、口到、心到，多种感官同时运动。特别是心到，有的地方背不出来了，仔细想一想，顺着上文的意思，就能自然而然地想出下文来了。

3. 分段背诵。把比较长的文章分成若干小段，背熟了第一段，再背第二段，然后把两段连起来背；接着背第三段，再把前两段连起来背。各个击破，效果会好得多。

4. 选择最佳时间背诵。一般来说，清晨的空气新鲜，头脑清醒，精神饱满，是背书的最佳时间。另外，在晚上临睡前大脑记忆不受其他信号干扰，学习的效果也胜于其他时间。

5. 选择最佳心态背诵。如果对背书没有信心，不论读多少遍，记忆还只是一个零。另外，在吵闹、暴怒或心情十分激动的时候，背书的效率也会下降。因此，背书时必须充满信心，并保持平静的心理。

五、勤练笔

熟读背诵是通过语言的输入增加大脑皮层的语言信息，作文训练则是调动大脑中的语言信息来激发大脑皮层细胞之间的信息回忆、交流、筛选，从而达到巩固、运用语言的目的。因此，作文是更高层次的语文积累。

如果平时遇到引发感慨的事，可以写下来，为作文积累素材。如果觉得时间不够，可以写一个简而精的提纲。平时多认真观察周围，感受自己身边的生活，坚持语言积累，培养语感，在写作文时就能文思如泉涌，就不会无话可说。

根深才能叶茂，有了良好的知识积累，才能打下了良好的基础，这就是学好语文的关键。建筑在沙滩上的高楼终会倒塌，学习语文，也一定要坚持积累，为自己打下一个坚实的基础。

故事链接

鲁迅读书法

多翻法——鲁迅先生说："在手中，不管它是什么；总要拿来翻一下，或看一遍序言，或者读几页内容。"书并不是放在橱柜中了事，更不能写上自己的姓名就算拥有了。书是要读的，不管它是什么书，开卷有益。

跳读法——鲁迅先生说："若是碰到疑问而只看那个地方，那么无论看多久都不会懂。所以跳过去，再向前进，于是连以前的地方都明白了。"读书，谁都会遇到不懂的地方，如果固执于一点，一味地死抠一字一句、钻牛角尖，那么，就会因一叶障目而不见泰山，甚至连这障目的"一叶"也弄不明白了。晋代大诗人陶渊明说："好读书，不求甚解；每有会意便欣然忘食。"

选读法——鲁迅先生说："倘要看文艺作品呢，则先看几种名家的选本，从中觉得作品最爱看，然后再看这一作者的专集；倘要知道得更详细，就看一两本这个人传记，那便可以大略了解了。"

背书法——鲁迅的背书方法与众不同，他制作了一张小巧精美的书签，上面写有"读书三到，心到、眼到、口到"10个工整小楷字。他把书签夹到书里面，每读一遍就掩盖住书签上的一个字。读了几遍后，就默诵一会儿，加强记忆。等把书签上的10个小楷字盖完，也就把全书背下来了。

语感的渲染

"语感"是一种语言修养，是长期的规范的语言感受和语言运用中养成的一种有浓厚经验色彩的比较直接、迅速感悟语言文字的能力。它是语文学习的另一个关键所在。我们平时对一种说法、对一个句子的表达有没有问题做出判断的时候，主要靠的就是语感，而不是语法的分析。语感不仅可以帮助我们学好语文，提高语文学习的效率，而且可以帮助我们对是与非的问题做出正确的判断，甚至还可以帮助我们预见未来。

我们都知道曹操和刘备煮酒论英雄的故事，当曹操说到"今天下英雄，惟使君与操耳"，就是说天下英雄不过你我，这时候刘备吓得连筷子都掉了。曹操称赞刘备是英雄，刘备为什么吓成这样？这说明刘备的语感很敏锐，他从曹操的话中听出了杀机。《三国演义》里接着写到，这时候刚好大雨将至，雷声大作，刘备乘机给自己解围，"哎呀，刚才的雷太大了，吓得我筷子掉了"。曹操于是笑着说，"大丈夫也怕雷吗？"由此把刘备看扁了，就不再对他有什么疑忌了。

那么，如何培养语感？

一、感悟语义

学习中，我们会发现，语感强的人，很容易把语言文字转换为生动的画面，从而进入其所描述的意境，完成从语言文字到画面的转换。从而完成知识迁移。因此，在字词学习中，我们要将字词同从生活中所认识的事物结合起来，建立起字词同事物的联系，不断积累字词所表达的事物的表象，增强记忆的效率。

例如：古诗词的句式比较整齐，对仗工整，抓住了诗句中的重点词语就可以统率全句，进而统领全篇，如曹操《观沧海》中，我们可以将描述的景物：水、山岛、树木、百草、秋风、洪波、日月、星汉写在本上，然后紧扣这些词语默记诗句，想象这些关键词带来的意境，这样，两三遍后，即可将全诗背诵下来，很容易记忆。这也是我们上篇所讲的思维导图法。

二、感悟语言逻辑

汉语语言本身是带有规律性的，从字、词、句到篇都是语言规则的规律性组合，这种规律可让我们在无意识中用心智能力快速地理解其意义，提高只读文本的速度。

学习中，多仿写句子。例如："漓江的水真绿呀，绿得仿佛是一块无瑕的翡翠"这个句子，你可以想象"教室真静啊，静得连一根针掉在地上的声音都能听见"。也可以想象"十五的月亮真圆啊，圆得像个圆盘"。这样去学习领悟其中的语言逻辑，体会其中的韵味，可加深对语言规则的理解，还能提高将学到的知识转化为自己的语言的能力。

三、学着诵读文章

诵读是眼、口、耳、心并用的一种学习方法，入于眼、出于口、闻于耳、记于心。在诵读的过程中，多种感觉器官参与了活动，能整体感知文章的外在属性和内在属性，领悟、把握文章的内容，增进语感的生成和发展。语感升级了，写作自然流畅了。古人的"熟读唐诗三百首，不会作诗也会吟"说的就是这个道理。多诵读，才能体会到文章的音韵美、节奏美、气势美。

在诵读的过程中要注意语句的停顿、重音、语调的变化等技巧的培养。例如：朱自清在《春》的开头写到"盼望着，盼望着，东风来了，春天的脚步近了。一切都像刚睡醒的样子，欣欣然张开了眼。山朗润起来了，水涨起来了，太阳的脸红起来了"。用那舒缓的语气，很容易便让人体会到对春天的无比热爱、急切盼望春的到来和春天到来时的欣喜，同时也写出了万物复苏的情景。

教育家叶圣陶先生说过："文字语言的训练，我以为最要紧的是训练语感，就是对语言文字的敏锐感觉。"

巴金也曾说过《古文观止》是他背得较熟的几部书之一。他说："读多了、读熟了，常常可以顺口背出来，也就能慢慢地体会到它们的好处，也就慢慢地摸到了文章的调子。"对古诗文的阅读，进而背诵、进而欣赏、进而模仿，最后悟出了真正的读书之道和写作之道。这里的"顺口背出来""摸到了文章的调子"，就是语感的生成。

有人说"教无定法"，但古诗文教学必须以"诵读"为基础；有人说语感培养无定法，但语感培养的最基本方式应是"诵读"。

例如：在诵读杜甫的《春望》时，油然产生"感时花溅泪，恨别鸟惊心"的伤感和"国破山河在"的忧虑，以及对亲人的怀念之情；诵读文天祥的《过零丁洋》，不禁为诗人的"人生自古谁无死，留取丹心照汗青"的英雄气概肃然起敬；在诵读李商隐的《夜雨寄北》时，真实地感受到亲人的"何当共剪西窗烛，却话巴山夜雨时"的无尽思念。总之，在诵读中培养语感，在语感的旋律中走进古诗文作者的心灵，感悟他们的内心世界。

四、联想与想象

联想，是一种心理活动的方式，也是一种重要的构思方式。它的特点是从某一事物想到与之有一定联系的另一事物。我们在生活中，随时随地会产生联想。一提到"秋风"，往往立刻会想到"落叶"，为什么会想到"落叶"呢？因为"秋风"和"落叶"不但在时空上往往相伴出现，而且它们之间还有一定的因果关系，这就是"相关联想"和"因果联想"；我们把小朋友比作"花朵"，因为花朵的鲜艳、惹人喜爱，和小朋友有相似之处，这就是"相似联想"；当我们提到被父母遗弃的孤儿时，会自然想到我们在父母身边的幸福，这就是"对比联想"；我们看到一位和蔼的女教师时，往往会想到妈妈，因为她们在某些方面相近，对我们都是一样的关怀、体贴，这就是"相近联想"了。

在语文测验中，很多同学都为概括中心思想而发愁，其实，只要你在读文章的过程中，用心去感受，去想象，就能很快总结出中心思想。

例如，读朱自清的《背影》时，你就要全身心地投入进去感受、领悟：当家境衰败的时候，父亲还处处关照着孩子的一丝一毫。如此下来，你就深深地体会到了作者的写作目的，轻松地理解了文章的中心思想。

又如：徐志摩《再别康桥》中"悄悄的我走了，正如我悄悄的来；我挥一挥衣袖，不带走一片云彩"。如果只停留在字面上，就会觉得平淡无奇，只不过是诗人重游剑桥大学离开时的情形，但是只要我们想象作者当时故地重游时的情形，同时"体验"诗人当时的心情，就能体会到作者对故地眷恋珍惜而又略带忧郁的真挚情感。

五、情景相融

在阅读时把情与景结合在一起。例如：李白在《赠汪伦》中："桃花潭水深千尺，不及汪伦送我情。"前者是景语，后者是情语，景语是传达和烘托的有力手段。所以清代学者王国维说"一切景语皆情语也"。

观察记录生活

鲁迅先生说："如果创作，第一须观察。"中学生要做生活的有心人，善于随时随地地观察生活，因为语文的外延和生活的外延是相等的。这不仅是学好语文的需要，也是热爱生活、热爱人生的一种积极的表现。观察，一要用眼看，二要用心想，三要用笔记。对生活的细致观察是获得素材的重要手段，著名的教育家苏霍姆林斯基一生写了很多著作，大部分资料就是靠长期的观察得来的。

那么，如何观察生活？

1.寻根观察。著名作家老舍先生说："观察事物，必须从头到尾，寻根究底，把它看全，找到它的'底'。不知全貌，不会概括。"这就是"寻根观察"。在观察中，必须展开思维的触角，运用锐利的目光，像一架敏锐的探测器那样，深入到事物内部的各个领域去搜寻，才能"寻"出事物的"根"。若走马观花，浅尝辄止，是找不到事物的"底"，看不到事物全貌的。

2.比较观察。要把握事物的本质特征，往往需要比较观察。诚如鲁迅先生所说："优良的人物，有时候是靠别人来比较、衬托的，例如上等与下等，好与坏，雅与俗，小气与大度之类。没有别人，即无以显出这一面之优。"茅盾的《白杨礼赞》，就是将白杨树与其他树木进行比较观察，并以象征手法创作出的名篇。

3.定序观察。观察的顺序、方位不同，所看到的事情也不相同，像苏轼写庐山，"横看成岭侧成峰，远近高低各不同"。古人所谓"一树梅花万首诗"，说的也是这个道理。

4.换时观察。事物是在不断变化的。刘勰在《文心雕龙》中就指出："岁有其物，物有其容，情以物迁，辞以情发。"意思是说大自然的景物在不同时令和季节中是千变万化的，人的感情也会随着事物的变化而变化。所以，要观察到"风光不与四时同"的独特景观，就要在不同的时间里仔细观察。

观察生活，还要学会记录生活中的点点滴滴。多看多写对语文的学习尤其是作文的训练帮助很大。

写作是在平时生活积累的基础上进行的，这种积累不仅仅在观察生活，还包括思考生活及用笔去记录生活。光去看、去发现还是不够的，更重要的是要对所闻所见形成自己的认识，并能用文字记录下来。

写日记就是一个很好的习惯，一方面提高你的主动性，另一方面又锻炼了你的思维，真正写作文时就不会再感到为难了。日记是在积累一种经验、一种习惯，你平常所记的东西，可以经常拿出来翻看，作文素材自然就增加了，哪里还需要故意去生活里找？日记其实就是小作文，是自己的作文，思想、言论、事件，甚至想象的东西都可以写进去。课堂上或考试中的写作尽管有限制、有要求，但毕竟不会脱离生活，只要平时做个有心人，写起来就不会觉得无话可说了。

另外，要想写好作文最为关键的一点就是多读书。读一些经典的名作，读得多了，你就会有写的冲动。尽管刚开始的时候你写得并不好，但只要你坚持多读书，特别是碰到一些比较优美的词（诗）句，肯定会引起你心灵的共鸣，尽量把它们记下来，在以后的写作中你就能派上用场。

故事链接

托尔斯泰是近代闻名于世的大作家，曾被列宁赞誉为"俄国革命的镜子"。他一生勤奋好学，手不释卷，博览群书，还每天坚持写一篇日记。他告诫后生晚辈："要多读多写多观察，特别要多写观察日记，这是写作的基本功。"他除了写出大量读书心得外，共写了51年的日记，直到逝世前的第四天。他记的不是流水账式的日记，而是观察日记。在日记中，他给自己规定了几个任务：第一，检查学习计划的执行情况；第二，整理一天从生活中得来的思想；第三，记录所接触的人的每一个举动、思想、感情，以及找出他们是服从于怎么样的规律。正是这样的日记，鞭策着托尔斯泰不断思考现实生活中的重大问题，也为他的文学创作积累了丰富的素材，使他一生著作等身，卷帙浩繁。长篇小说《复活》《战争与和平》《安娜·卡列尼娜》是托尔斯泰的三部代表作，他曾对来访者说："这些作品的写作，全得益于平日的日记资料，否则，我不知道材料在哪里，要多费时费力才能写出作品啊！"

不仅诗人、作家认真记日记，就是自然科学家也是如此。

我国已故气象、地理学家竺可桢，从青年时期在大学读书起就养成了记日记的习惯。根据他所从事的专业需要，每天日记的开头都详尽地记载着他亲自观察到的基本情况。为了观察物候变化的规律，他几十年如一日地辛勤工作着。为了观察桃花绽开的规律及燕子南飞的规律，他天天上班不坐汽车，坚持用自己的双脚步行到颐和园和工作单位，即使病了也从不间断，为我国物候学作出了重要贡献。他在临终前还用颤抖的手执笔，在病床上记录着当天的温度等方面的观察日记。真是"日记"伴终生啊！

语文知识巧记忆

1. 画面记忆法

背诵古诗时，可以先认真揣摩诗歌的意境，将它幻化成一幅形象鲜明的画面，就能将作品的内容深刻地贮存在脑中。例如，读李白的《望庐山瀑布》时，根据诗意幻想出如下画面：山上云雾缭绕，太阳照耀下的庐山香炉峰好似冒着紫色的云烟，远处的瀑布从上飞流而下，水花四溅，犹如天上的银河落下来。记住这个画面，再细细体会，也就相当深刻地记住了这首诗。

2. 联想记忆法

这是按所要记忆内容的内在联系和某些特点进行分类和联结记忆的一种方法。

举一个简单的例子。若想记住文学作品和作者的名字，可以这样联想：

有一天，莫泊桑拾到一串《项链》，巴尔扎克认为是《守财奴》的，都德说是自己在突出《柏林之围》时丢失的，果戈理说是《泼留希金》的，契诃夫则认定是《装在套子里的人》的。最后，大家去请高尔基裁决，高尔基判定说，你们说的这些失主都是男的，而男人是不用这东西的，所以，真正的失主是《母亲》。

这样一编排，就把高中课本中的大部分外国小说名及其作者联结在一起了，复习时就如同欣赏一组轻快流畅的世界名曲一样，在轻松愉悦中就牢记了下来。

3. 口诀记忆法

汉字结构部件"臣"只常在"颐""姬""熙"3个字中出现。有人便把它们组编成两句绕口令："颐和园演蔡文姬，熙熙攘攘真拥挤。"只要背出这个绕口令，不仅不再混淆这些带"臣"的字，带"臣"的汉字也不会误写。如历代的文学体裁及成就若归纳成如下几句，就有助于形成清晰易记的纵向思路：西周春秋传《诗经》，战国散文两不同；楚辞汉赋先后现，《史记》《乐府》汉高峰；魏晋咏史盛五言，南北民歌有"双星"；唐诗宋词元杂剧，小说成就数明清。

4. 对比记忆

汉字中有些字形体相似，读音相近，容易混淆，因此有必要加以归纳，通过对比辨别和记忆。为了增强记忆效果，可将联想记忆法和口诀记忆法也加入其中。实为对比、归纳、谐音、联想、口诀五法并用。例如下面的形近字比较：

（1）巳（sì）满，已（yǐ）半，己（jǐ）张口。其中巳与4同音，已与1谐音，己与几同音，顺序为满半张对应4、1、几。

（2）用火烧（shāo），用水浇（jiāo），用丝绕（rào），用手挠（náo）；靠人是侥（jiǎo）幸，食足才富饶（ráo），日出为拂晓（xiǎo），女子更妖娆（ráo）。

（3）用手拾掇（duō），用丝点缀（zhuì），辍（chuò）学开车，啜（chuò）泣撅嘴。

（4）输赢（yíng）贝当钱，蜾蠃（luǒ）虫相关，羸（léi）弱羊肉补，嬴（yíng）姓母系传。

（5）乱言遭贬谪（zhé），嘀（dí）咕用口说，子女为嫡（dí）系，鸣镝（dí）金属做。

5. 荒谬记忆法

比如在背诵《夜宿山寺》这首诗时，大部分同学要花 5 分钟才能把它背出来，可有一位同学只花了 1 分钟就背出来了，而且丝毫不差，这是什么原因呢？是不是这位同学聪明过人呢？

在同学们疑惑时，他说出了背诵的窍门：这首诗有 4 句话，只要记住两个词："高手""高人"，并产生这样的联想：住在山寺上的人是一位"高手"，当然又是一位"高人"。背诵时，由每个词再想想每句诗，连起来就马上背诵出来了。看来，这位同学已经学会用奇特联想法来记忆了。

运用奇特联想法记忆古诗的例子很多，如《悯农》："春种一粒粟，秋收万颗子。四海无闲田，农夫犹饿死。"——"粟子甜（田）死了。"

语文有时需要背诵大段的文字。背诵时，应先了解全段文字的大意，再把全段文字按意思分成若干相对独立的层。每层选出一些中心词来，用这些中心词联结周围一定量的句子。回忆时，以中心词把句子带出来，达到快速记忆的效果。如背诵鲁迅的散文诗《雪》中一段。

但是，朔方的雪花在纷飞之后，却永远如粉，如沙，他们决不粘连，撒在屋上，地上，枯草上，就是这样。屋上雪是早已就有消化了的，因为屋里居人的火的温热。别的，在晴天之下，旋风忽来，便蓬勃地奋飞，在日光中灿灿地生光，如包藏火焰的大雾，旋转而且升腾，弥漫太空，使太空旋转而且升腾地闪烁。

我们把文章分为三层，并提出三个中心词。

（1）如粉。大脑浮现北方的纷飞大雪撒在屋上、地上、枯草上的图像。因为如粉，所以决不粘连。

（2）屋上。使我们想到屋内人生火，屋顶雪消化的图像。

（3）晴天旋风。想象一个壮观的场面：晴空下，旋风卷起雪花，旋转的雪花反射着阳光，在日光中灿灿地生光。

这样从中心词引起想象，再根据想象推理，背这一段就感到容易多了。

阅读写作有新招

一、阅读技能训练法

下面再向同学们介绍阅读技能的训练，在阅读课文的过程中自觉运用。

1. 朗读

朗读有助于深入体会文章的思想感情，有助于密切读和写的联系，也是培养语感的一种好方式。朗读训练的质量大体有三个层次：

（1）正确的朗读，读音正确，停顿适当，不加字不掉字。

（2）流畅的朗读，正确把握语调（抑、扬、顿、挫）、语气（轻、重、缓、急），并连贯地读下来。

（3）传神的朗读。熟练地运用语音和表情，表达出文章的风格和神采。

2. 默读

读时不动唇，不出声。默读与朗读比较，不仅速度快，往往理解也深些。读时要留点、批注，不动笔不读书。传统的阅读方法就是一边读一边在文章上圈圈点点，勾勾画画。

3. 精读

精读对象主要是教材上的基本篇目，它们大都是文质兼美的优秀作品。

精读的步骤大致如下：（1）审题；（2）标节码，勾生字，查工具书，读注解；（3）解新词；（4）写提要；（5）理层次；（6）记段意；（7）明中心；（8）质疑；（9）评写法。

上述步骤可因阅读目的不同而有所侧重，但整个过程非一次阅读可以完成，需要反复咀嚼，体会揣摩，直到发现文章的特性，发掘出其中丰富的内涵。

4. 略读

略读的特点是"提纲挈领"，把握文章的基本内容、思想和技法。略读并不是容易的事，读时要舍去细枝末节，把握重点词、句、段、主要材料和主要表达方式，从中概括重要之点。

二、写作的四大秘诀

1. 立意

写文章，在动笔之前必须把主题想清楚，古人将这叫做立意。主题是文章的灵魂和统帅，如果不确立主题就动手作文，违背了"意在笔先"的写文章规律，往往会出现"下笔千言，离题万里"，七拼八凑，缺乏中心的毛病。学会立意，善于从所掌握的材料中提炼和确立鲜明、深刻的主题，这是写好文章不可缺少的基本功。北京某大学中文系的一位女同学，入学后曾以《在高考的日子里》为题写过一篇作文。内容是她第一天去参加高考时，因为心情紧张，乘错了汽车，但由于一路得到许多陌生人的热情帮助——有的带路，有的用车送……使她按时到达了考场。她十分感动，认为这件事反映了"社会风气大改变，为人民服务的精神大发扬"。于是就围绕这个主题写成文章，但有的同学不同意她这样写，说："从这件事里，可以开掘出更深刻的含意，提炼更新更深的主题。人们这样主动热情去帮一个素不相识的考生，表现他们具有一切为人民服务的精神。"

同样的材料，由于认识水平不同，所确立的主题也就出现了新旧深浅的差别。如果按照后者的意见去写，文章的主题要深刻、新鲜得多。可见，要提高作文水平，必须学会立意。学习立意，须要加强理论学习，提高思想水平，并在实践中经常对客观事物进行分析比较，提高对问题的分析、理解能力。分析能力提高了，就容易抓住事物的本质，使文章写得深刻有力。

2. 选材

同学们提笔作文时，之所以常常感到脑子发空，没有什么东西可写，多是由于材料贫乏造成的。解决这个问题没有什么捷径，只有在生活和学习中多观察，多积累。但是，作文的吃力并不全是因为材料的缺乏，有时候虽然充足，但如果选材和剪裁不当，也可能把文章写得芜杂臃肿，让人看了抓不住要领。

如何提高选材的能力呢？首先得弄清材料在文章中的作用。因为它是为表现主题服务的，所以材料的取舍完全取决于文章的主题。像上面提到的例子，那位女同学为了表现"社会风气大改变，为人民服务的精神大发扬"这一主题着重写了作者焦急的心情和"陌生人"给她的帮助。通过这个例子，我们可以看到，选择材料必须紧扣主题；而做到这一点，不但要对文章的主题想得一清二楚，而且还必须对材料的含意有透彻的了解，认清每个材料在表达主题时能起到的作用。只有这样，才能扣住主题，选材精当。

写文章能否选出最有说服力的材料，与作者对客观事物分析、鉴别的能力有直接关系。因此，要提高选材本领，平时就要对生活素材经常加以比较、鉴别。除此之外，还得多写多练。最好能常常精读一些优秀文章，仔细琢磨人家是怎样围绕主题选择材料的。常看常想，能够磨砺选材的眼力。

3. 布局

确立主题、选定材料之后，就要根据表现主题的需要把内容加以适当编排：先写什么，后写什么，怎么开头，怎么收尾，怎么划分层次段落，哪里该详，哪里该略等等，把这些问题做个通盘设计，这就是布局。一篇文章，只有布局合理，才能纲举目张，主题突出，结构严密。如果布局不当，就会出现层次不清，疏密不当，前后重复，上下脱节等毛病。

怎样提高布局的能力呢？文章的布局是灵活多变的。它作为文章的形式是为内容服务的，不同的主题和题材要求有不同的布局，甚至相同的题材也可以采用不同的布局方法。但是，可不能把布局简单理解成是个技巧问题，它主要取决于作者思想的条理性如何。不论阐明道理，还是叙写事物，只有看得深，想得透，才能说得清。如果对要写的东西没有透彻了解，脑子里一团乱麻，尽管能把如何开头结尾，分层划段，详略搭配等技巧方法背得烂熟，也还是难以把事情表达明白的。因此，对于广大同学来说，要提高布局的能力，不可本末倒置，孤立求助于结构的方法技巧，而应当在加强思想的条理性上多用力气。

一个人思路的条理性如何，反映在写文章上，就是思路是否明晰、严密。要想思路明晰、严密，必须从提高思想认识和观察、分析能力入手。这种提高，要靠平时的积累锻炼，养成勤于观察、肯于思考的良好习惯。观察事物，不要浮光掠影、浅尝辄止，要把事物前前后后、里里外外、原因结果等看个清楚，想个透彻。对事物有了深透的认识和明晰的印象，作文时先写什么，后写什么，怎样起笔，怎样收篇，哪里详，哪里略，如何转，如何接，就容易做到胸中有数，编排自如。这样，布局也就不会感到太难了。

4. 表述

一篇文章，经过构思之后，所要写的内容还必须通过一定的方式表现、述写出来，这就叫做表述。

文章的表述方式，一般有叙述、描写、议论、抒情、说明五种。不同的体裁，不同的材料，要求使用不同的表述方式。不过，通常在一篇文章中，是以一种为主，兼用其他，如：小说侧重描写和叙述，可也少不了抒情、议论；通讯以叙述为主，却又夹有适当的描写、抒情和议论；评论文章主要是议论，有时也难免不用其他表述方式，譬如摆事实讲道理时，事实材料就得采用叙述或者说明的方法，像前面提到的《在高考的日子里》那篇作文，里面写了几个人，几桩事，表述这些材料，有的是叙述，有的是描写，其中也还夹有适当的抒情和议论。正是因为用了多种表述手法，才使我们能够具体、鲜明、深刻地了解文章所写的内容。这就说明，表述能力也是写好文章所不可缺少的基本功。

怎样提高表述能力呢？训练的方法很多，不过，为了避免在文章的构思上多花时间，从而集中精力提高表述能力，可以多采用灵便的小型练习。例如写一些记一景、一物、一事的随笔、速写，或者借用现成的材料进行扩写、改写和复述等练习。这些都是取材容易、练习方便又易于见效的方法。

表述能力和语言文字水平是密切关联的，因为叙述、描写、议论、抒情和说明，都离不开语言这个工具，要想提高表述能力，不能不加强语言训练。要提高文字表达能力，必须下苦功学词练句，力求能运用最恰当的字词和最精当的语句状物、叙事、抒情、议理。在生活、阅读中要勤于积累自己还没掌握的词汇，摘录表情达意，真切生动的词句。光抄光记还不行，得把词义、句意弄通弄懂，不但会讲，而且要有意识地通过多写多用，把这些词语尽快地化入自己的语言宝库。

倘若在语言文字方面达到了词汇丰富信手可拈，语句灵活运用自如的地步，再能够得心应手地使用叙述、描写等表述手法，那么，表述能力就有了明显的提高，你也可以尝到作文的乐趣了。

鲁迅曾恳切地对青年说："文章应该怎样做，我说不出来，因为自己的作文，是由于多看和练习，此外并无心得或方法。"按照鲁迅先生的这个指教，同学们只要"多看和练习"，勤于观察，勤于思索，勤于动笔，持之以恒，肯定是能够学会写文章的。

语文复习宝典

一、语文画树法

语文基础知识的特点是涉及面广，知识点多，一时很难抓住系统。学习数、理、化时，一个公理、定理、原理或概念往往明明确确，一堂课学一个知识点，环环相扣，大家学得明白，学得有底。而语文课就不同了，一篇课文学完了，哪些知识算学好了，学透了，就很难说了，因为每篇课文涉及面都很广，有时几乎涉及到了所有的基础知识，一篇课文到底要学什么就显得很模糊。这就是语文学科的特点。

我们可以绘制语文知识树来学习语文。在语文这棵巨大的知识树上，它的枝干首先是基础知识、文言文知识、文学常识、阅读与写作。在每一枝干上又有分支。基础知识枝上有若干分支：语音、文字、词汇、句子、语法、修辞、逻辑、标点八个方面；文言文枝上有若干分支：字、虚词、实词、句式；文学常识枝上有若干分支：古代、现代、当代、外国；阅读与写作枝上也有若干分支：中心、材料、结构、语言、表达、体裁。而这些分支上可以分出若干个分支，如修辞，可以分出比喻、比拟、夸张、借代、对比、排比、反复、设问、反问、反语、引用、对偶等等。

有了语文知识树，学起来心中就会有底。对照知识树，研读每篇课文就知道这一课应该学习些什么，哪些是应该记住的，哪些是应该理解的，哪些是应该会运用的，长此以往，你的语文学习能力也就培养起来了。

（语文知识树）

阅读与写作
体裁：应用文 说明文 议论文 记叙文 剧本 诗歌 描写 小说 说明 散文
表达：抒情 新颖 议论 真实 记叙
材料：生动 典型 围绕 中心

文学常识
古代：明代 清代 元代 隋唐五代 秦汉 宋代 魏晋 南北朝 先秦 文革前
当代：文革后 反右前
现代：五四以来 解放战争 抗战时期
外国：欧洲 亚洲 美洲

文言文知识
语言：通顺 生动
结构：准确 段落 结尾 简练 照应 层次 集中 开头 过渡 深刻
中心：鲜明 正确
句式：倒装句 省略句 通假字 被动句 异体句 判断句 繁简字 古今字
字

基础知识
语音：拼音 普通话 方言 声调 同义词 韵母 声母
词汇：成语 贬义词 褒义词 复句 反义词 短语 词语解释
语法：单句 判断 词类 概念 推理
逻辑

修辞
字：同音 形近 多义 字典
句子：陈述 同义 疑问 多音 简略 独词 六书 被动 主动 反复 否定引用
修辞：比喻 比拟 折使 排比 夸张 借代 对偶 对比 引用 反语 省略 反问 设问 疑问句
标点：句号 逗号 顿号 分号 冒号 感叹号 引号 括号 破折号 书名号 着重号

介词 副词 动词 连词 数词 助词 代词 叹词 名词 形容词 量词
虚词 实词

二、语文复习"七步法"

这七步分别是：

1. 读一读

阅读课文是复习的第一步。通过阅读，把握全文大意，了解作者情感、文章特色等知识点。不同类型的课文需要不同的读法：教读课文须精读，字、词、句、篇等各个知识点全方位掌握，精彩语段能够背诵；自读课文须泛读，有的还须跳读，一目十行，以求提高阅读速度。阅读速度，也是近几年中考考查项目之一。

2. 画一画

即在阅读课文同时，把文中的重点句、中心句、名句以至生字、生词，用不同的符号勾画出来，既能加深印象，又便于复习巩固，一目了然。遇到规范句子，不妨划分句子成分，复句还须标明关系，典型语段要划分层次、归纳层意。遇到疑难，还要作标记，便于求教于老师、同学。

3. 查一查

查什么？查工具书。字典、词典、参考资料，只要用得上，尽可能发挥工具书的作用。亲自查找答案，是探索学习方法、摸索学习规律的过程，也是提高运用工具书能力的过程。对于似曾相识的词句，不妨查一查以往学过的课文，把新旧知识联系起来，温故而知新。查出的答案经过分析辨别，又能提高理解能力。

4. 问一问

"三人行，必有我师焉。"复习过程免不了有疑难；要独立钻研，实在解决不了的，要善于向老师、同学请教。有时自己向老师请教一个问题，老师很可能不止讲一个问题，而且把相关知识联系起来，使你融会贯通。

5. 写一写

俗话说，眼看十遍，不如手过一遍。无论平时学习还是考试，有的同学往往把常用字词写错，何故？就是缺少写的训练。生字、生词、重点语句不妨在理解记忆的基础上，反复写一写。又如一些作文题，往往看似容易写起来难，也要动笔写写，切忌眼高手低。

6. 练一练

就是通过做练习题，检验自己对知识掌握的程度。做题要把考题的目的、意图弄清，要注意归纳总结，寻找规律，触类旁通，增强应试能力。做练习题，既要在老师的指导下进行，又要自觉地做。我们反对搞"题海战术"，但不做一定数量的练习题，也谈不上质量。练然后知不足，及时反馈矫正，以求牢固掌握所学知识和技能。

7. 想一想

复习的内容可以通过"想"来巩固。可以从点到面，也可以从整体到部分，或纵向或横向，把知识点有机地联系起来，形成知识体系，印在脑海里。当某个知识点联想不起来时，要经过查找及时巩固。想的时空不受限制，无论课上、课下，还是校内、校外，都可以尽情地利用时空。当你"山穷水尽"之时，通过联想，也许会步入"柳暗花明"之境。

实际上，这七步也可以说是七种公式。在复习时应该综合运用。

三、语文复习四大法宝

语文的复习，有以下四种方法是可行的：

1. 理解法

语文需要记忆的知识很多，如何才能记得牢呢？最主要的方法，是把理解和记忆有机地结合起来，即在理解的基础上加深记忆，在记忆过程中深刻理解。给这种记忆方法起了个名字，叫"理解法"。不要以为文科复习时闭住眼睛背死书就行了，这是最笨的办法。

所谓理解，就是弄清各种概念、事物的根本道理，掌握它的规律，内在的和外在的联系，把这些来龙去脉弄清楚，它在你的头脑中必然会留下深刻的印象。有些知识，例如历史年代和事件，看起来没有什么规律，其实可以根据自己的记忆特点总结出一些规律，采用类似、相反事件的对比和年代的间隔等，都是总结的方法，大家不妨试一试，看这样记忆的效果怎么样。

2. 重点法

学习和复习要抓重点，抓主要矛盾，不能胡子眉毛一把抓。至少在复习中，你自己应该掂掂自己的分量，哪一门功课是难点？哪些相对来说是次要的？明白了这些问题，在复习安排上就会有个轻重缓急，就能有条不紊，一步一个脚印。

当然，不是主张"捡了西瓜丢了芝麻"，有许多看起来不难，不显眼的东西，往往容易被忽略，这是要吃亏的。所以所说的重点法，是在普遍复习的基础上突出重点的方法，而不是别的。

3. 循环法

为了使短暂记忆上升到长期记忆，主张采用循环复习方法，即在复习过一个概念或几节课后，过一段时间再重复一次。有很多知识，你当时可以背得滚瓜烂熟，如果以为万事大吉了，过一段时间这些知识留在你的头脑里的信息就会被别的信息冲淡，甚至混淆，直到消退。因此，过一段时间还要再复习一次。

对大脑中记忆细胞进行反复的同等信号刺激，可以延长记忆时间。这个规律决定了正确的复习方法应该是这样：不要集中时间先攻克一门，然后再攻克另一门，而应穿插进行。随着记忆的东西不断增多，再适当地减少复习次数，加长复习间隔时间。

事物的发展是螺旋式上升的，采用循环法恰好是符合这个规律的。

4. 系统法

每一门功课的各部分知识都是相互联系的，有严格的系统性，在我们的复习中，一定要有整体观念，融会贯通，不要像一个一个的土豆那样，孤立地复习。把需要复习的知识理成粗线条，这是主干，好比一棵大树的主干；然后再分出细线条，犹如树的枝条。如你把这棵"树"画精彩，你的复习和运用便得心应手了。

第二章　数学——勤思多练

数学是初中阶段的三大主科之一，它在初中的学习科目中，占据了主要地位。在初中的理科中，数学是最有难度的一门，它不仅需要对概念、公式等烂熟于心，而且还在基本概念的基础上着重考查逻辑思维能力、数学运算能力以及综合解题能力。

数学思维的转变

与小学数学相比较而言，初中数学教材结构的逻辑性、系统性更强。首先表现在教材知识的衔接上，前面所学的知识往往是后边学习的基础；其次还表现在掌握数学知识的技能技巧上，新的技能技巧形成都必须借助于已有的技能技巧。因此，如果对前面所学的内容达不到规定的要求，不能及时掌握知识，形成技能，就造成了连续学习过程中的薄弱环节，跟不上集体学习的进程，导致学习分化。

八年级阶段是数学学习分化最明显的阶段。一个重要原因是初中阶段数学课程对学生抽象逻辑思维能力要求有了明显提高。而八年级的同学正处于由直观形象思维为主向抽象逻辑思维为主过渡的又一个关键期，没有形成比较成熟的抽象逻辑思维方式，而且每个人个体差异也比较大，有的抽象逻辑思维能力发展快一些，有的则慢一些，因此表现出数学学习接受能力的差异。

这时我们应该努力掌握有效的学习方法，促进抽象逻辑思维的发展，提高学习能力和学习适应性。

如果感到自己的抽象逻辑思维能力不适应数学学习，那么从七年代数学习开始就加强抽象逻辑思维能力训练，要在老师指导下主动探求数学知识。不仅注重知识的学习，还要学习数学的基本思想和基本方法，培养逻辑思维能力，为进一步学习奠定较好的基础。

结合七年级数学知识的学习应着重体会"转化""比较""分类""归纳"四种数学思想方法。

1. 转化

在有理数的运算中将减法转化为加法，除法转化为乘法；在解二元一次方程组时，通过消元将"二元"转化为"一元"，这些都是转化思想方法应用的典型例证。应用转化的思想，首先要把握好化繁为简，化难为易，化未知为已知这个转化的根本方向和基本原则，其次也要掌握好常用的一些转化的具体方法。如应用"变形""换元""添辅助线"等转化方法。特别是数轴的建立，使数与点之间建立了对应关系，使数形的结合和互相转化有了可能，例如我们可以用数形转化的思想解绝对值方程：$|x+2|=3$。

从数轴上看，这个绝对值方程表示的几何意义是，什么点和数 -2 表示的点的距离等于 3？从如图的数轴可以直观地得出，这样的点有两个，是数 -5 和 1 表示的点。

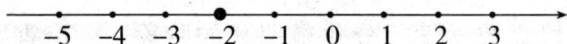

应用转化的思想解数学题，还有两点是必须注意的，一是要重视转化条件，没有一定的条件就不能转化；二是不能忽略基础知识，多项式相乘转化为单项式乘法求解，而单项式的乘法还要进一步转化为更基本的有理数乘法和指数运算。因此从某种意义上讲，转化就是把复杂的问题转化为基本问题。

2. 比较

比较是思维和理解的基础，每当我们学习新知识的时候，我们都会习惯性地思考，它是在什么旧知识的基础上建立起来的，这就是比较。

比较可分为类比和对比，类比是相同点的比较，对比是不同点的比较。把列代数式与列算式进行类比，借助于列算式的经验来学习列代数式，就能做到以旧推新，有利于新知识的掌握。相反数与倒数是一对很容易混淆的概念，通过对比，找出它们明确的差异，就能避免混淆。

名称	定义	与 0 的关系	与运算的关系
相反数	$a+b=0$ 或 $a=-b$	$-0=0$	$m-n=m+(-n)$
倒数	$ab=1$ 或 $a=1/b$	0 没有倒数	$m\div n=m\times\dfrac{1}{n}$

应用比较的思想要注意把类比与对比有机结合，既"比"联系，又"比"区别。将一元一次不等式与一元一次方程的解法相比较，它们的解法步骤是完全相同的，解法原理是类似的，不同之处有两点：一是在不等式两边乘或除以同一个负数时不等号要改变方向；二是不等式的解集是无限多个数。经过这样求"同"存"异"的比较，就能更准确地把握一元一次不等式的解法。

比较的思想方法在数学学习中还有着十分广泛的应用，如特殊与一般的比较，知识的"纵向"和"横向"的比较，正确与错误的比较等等，重要的是要掌握比较的思想，养成比较的习惯，学会比较的方法。

3. 分类

分类是根据研究的需要，按照一定的原则对研究对象的一个划分，分类的思想也是一种重要的数学思想方法。初中数学教材中分类思想的应用比比皆是：有理数的分类，直线位置关系的分类等等。正确完整的分类应该满足下列原则：（1）按同一标准分类；（2）没有遗漏；（3）没有重复。如把有理数分为：正有理数，负有理数，这就遗漏了既不是正有理数，又不是负有理数的有理数"0"。分类能帮助我们把纷繁的材料或研究对象条理化、系统化，形成简化的、有效率的思维方式。需要注意的是应把握好在什么情况下需要分类及如何分类，盲目地分类及分类不当反而会把简单的问题复杂化，把复杂的问题弄得更加复杂。

4. 归纳

观察下表中的运算结果：

a	a^2	a^3	a^4	a^5	a^6	a^7	$\cdots$
3	9	27	81	243	729	2187	$\cdots$
-2	4	-8	16	-32	64	-128	$\cdots$
0	0	0	0	0	0	0	$\cdots$

由上表可以推知：（1）正数的任何次幂都是正数；（2）负数的奇次幂是负数，偶次幂是正数；（3）0的任何次幂仍得0。

像上面那样，通过对若干特殊、具体的情形的分析，得出一般结论的思维方法叫归纳。归纳是人类思维的最基本的方法之一。归纳推理是数学中常用的重要的思维方法，它通常有两种形式：不完全归纳法和完全归纳法。初中数学应用的归纳方法大多都是完全归纳法。

所谓不完全归纳法，就是仅考查了事物的部分对象就得出了事物的一般结论，如上例那样，这种思维方法尽管不那么严密，带有想象、猜测的成分，但它对于数学命题的发现，启发解题思路，培养创造性思维有不可替代的作用。例如求 7^{2012} 的个位数，显然我们不能，也没有必要将7乘2012次来得出结果，那应怎样求解呢？这里就用到不完全归纳法，我们观察下列幂的个位数：

幂	7^1	7^2	7^3	7^4	7^5	7^6	7^7	7^8	⋯
幂的个位数	7	9	3	1	7	9	3	1	⋯

从上表我们可以看出：7 的个位数是呈 7、9、3、1 的规律变化的。于是有 $2012 = 4 \times 503 + 0$。由此可以推断 7^{2012} 的个位是 1。

应该指出，由于不完全归纳法带有经验、猜测的成分，不能形成这样的错觉：对某一命题的结论，考查几个特例成立，则对一般情形就一定成立。例如：大数学家欧拉曾给出一个"质数公式" —— $n^2 + n + 41$，这个公式对于 $n = 1，2，3，\cdots，39$ 都是正确的。但能不能由此而下结论说：对一切自然数，这个"公式"代表的都是质数？事实上当 $n = 40$ 时，$n^2 + n + 41 = 40^2 + 40 + 41 = 40 \times 41 + 41 = 41^2$ 是一个合数，因此不完全归纳法不能代替严格的、科学的证明，它的重要作用在于帮助我们从特殊情况的考查中探寻一般规律。

数学概念的理解

概念是数学的基石。学习概念（包括定理、性质）不仅要知其然，还要知其所以然，许多同学只注重记概念，而忽视了对其背景的理解，这样是学不好数学的，对于每个定义、定理，我们必须在牢记其内容的基础上知道它是怎样得来的，又是运用到何处的，只有这样，才能更好地运用它来解决问题。

正确地理解数学的基本概念是掌握数学基础知识的前提。犹如造房屋那样，基础打得牢靠些，将来在它的上面造起来的房屋就不会坍塌。因此，正确理解基本概念的好处不仅仅在于能解出几个习题。

理解数学概念应从掌握数学语言开始，因为数学语言是体现数学思想特征的专用语言，是构建数学宏大体系的材料。要学好数学，读懂数学书，正确理解数学概念，准确解答数学习题，必须正确理解和使用数学语言，懂得"行话"。

数学语言的基本特征是准确、精练、严密。特别是字母表示数的应用和数学的符号化，使数学语言本质区别于生活用语，具有更加简明化、抽象化的特征。例如：只有当 $a \neq 0$ 时才能由 $ax = b$，得到 $x = \dfrac{b}{a}$；大于 5 的数有无数多个，都可以简明地表示为 $x > 5$ 等等。

一、学习数学语句须注意的问题

1. 注意推敲数学语句中的附加成分、关键词、关联词的含义

例如，在数轴的定义中，规定了"原点、正方向和单位长度"，如果忽略了这"三要素"，变成了"直线是数轴"就没有任何数学意义了。又如一些顺序颠倒的数学语句，如"方程的解"与"解方程"，"两数不都为零"与"两数都不为零"的意义是不同的，要注意区分它们不同的数学意义；还有一些同音近义词如"和"与"或"等容易混淆，要仔细辨析词义，领会确切的含义。

2. 掌握文字语言、符号语言、图形语言的互译

文字语言、符号语言、图形语言是数学语言的 3 种主要形式，我们不仅要掌握 3 种语言各自的特点，还要善于相互转化，在转化中加深理解，促进知识的内化。

二、学习数学概念的 5 个环节

我们知道数学的定义、定理、公式、法则是数学知识体系的框架，是解题的基础，是推理的依据。要真正理解其精髓，一般说来必须抓好学习中的 5 个环节。

1. 弄清知识的来龙去脉

任何新知识都不会是无本之木，它总是在旧有的知识和生产、生

活实际中产生、发展概括而来的，因此在学习新的定义、定理、公式、法则时一定要弄清知识产生的实际背景和知识产生的来龙去脉，这对加深知识本质的理解有着十分重要的意义。

例如，我们在学习正负数的概念时，如果能对产生正负数的背景、相反意义的量及表示方法有较为深刻的理解，就能更好地理解正负数的概念和有理数的运算法则，避免死记硬背。

又例如学习不等式的第三条性质，我们可以结合一些具体实例，如对不等式 $3>2$，$-3<-2$，$3>-2$，$-3<2$ 的两边分别乘（或除以）-2，得到的不等式 $-6<-4$，$6>4$，$-6<4$，$6>-4$（除以 -2 的情况，同学们自己讨论），进行前后比较，归纳概括出不等式两边都乘（或除以）同一个负数，不等号的方向改变，进而对这个性质的符号表述：若 $a>b$，$c<0$，则有 $ac<bc$ 或 $\dfrac{a}{c}<\dfrac{b}{c}$，就比较容易有实质的理解。

2. 逐字、逐句、分层推敲文字的表述

数学语言具有精练、抽象、严密的特点，因此我们在学习定义、定理、法则时必须完整、准确地理解其表述的内容，这就必须对其文字表述进行逐一、仔细地推敲。例如，教材中是这样定义相反数的概念的："像 6 与 -6 这样只有符号不同的两个数，我们就说其中一个数是另一个数的相反数。"如 $-(+2)$ 与 $+(-2)$ 这两个数也是符合"只有符号不相同"的条件的，算不算相反数呢？显然不能算。在初中的学习中，这种描述性概念比较多，对于描述性概念一定要把握好概念的整体，不要离开其中描述的实例断章取义，以致产生误解或歧义。

对于学习中遇到的叙述严谨、有较强的限制条件的定义、定理、法则则可以采取分层次、抓要点的分析方法去理解。例如对"垂线的性质定理"我们可以分为以下 3 层意义来理解：（1）"经过一点"，应理解成没有附加限制的点，即这一点可以在已知直线外，也可以在已知直线上；（2）"有一条直线垂直于已知直线"，应理解为过这一点和已知直线垂直的直线总是存在的；（3）"且只有一条直线垂直于已知直线"，应理解为上述存在的垂线也是唯一的。经过这样分层次的逐句、逐字推敲，对于定理中的文字就能做到比较透彻的理解。

3. 掌握本质特征，注意限制条件

数学定义、定理、法则、公式是对相关数学知识本质属性的概括。理解时要注意去伪存真，找出其本质属性，排除非本质因素的干扰。这里一是要抓住关键词句，排除次要词句的干扰；二是要排除生活经验和标准图形的影响和束缚。

如对"垂线""平行"的概念的理解，我们有的同学往往只把"铅垂向下"才视为垂直，只把"水平"放置的两条直线才看成平行，这种以生活经验的影响代替对概念的认识缩小了概念的内涵，同样是一种非本质因素的干扰，在学习中应尽量自觉予以排除。

数学概念，公式中的限制条件是概念和公式本质特征不可分割的部分，但往往容易被同学们忽略，应在学习中引起高度重视，同时分析限制条件往往又能帮助我们更加深刻地理解概念或公式的本质特征。如零指数幂的定义：$a^0 = 1$ 中 $a \neq 0$ 的限制。

4. 通过联系、对比进行辨析

在数学知识中有不少是由同一基本概念和方法引申出来的从属及其他相关知识，或看似相同，实质不同的知识，学习这类知识的主要方法，是用找联系、抓对比进行辨析。如直线、射线和线段的概念，它们既有联系又有区别。

5. 在应用中加深理解

数学知识的应用往往要涉及到多个知识点，是在更复杂的背景下考查我们对数学知识更深层次的理解。例如：两数和的完全平方公式 $(a+b)^2 = a^2 + 2ab + b^2$，应该如何理解公式中字母表示的意义？我们可以作如下从简单到复杂的应用。

$$(a+b)^2 \xrightarrow{\text{引进系数}} (3a+2b)^2 \xrightarrow{\text{引进指数}} (3a^2+2b^5)^2$$

$$\xrightarrow{\text{引进字母指数}} (3a^x+2b^y)^2 \xrightarrow{\text{引进字母系数}} (ma^x+nb^y)^2$$

公式中的字母 a、b 既可以表示具体的数，也可以表示单项式或多项式。

建构数学知识网络

学习数学，重要的是要构建一个数学的知识网络，将单一的知识串联起来，这样有助于对综合型题目的解答。

知识网络法，就是把章的知识、每个单元的知识形成网络，包括知识点的一些结合方式、综合题的考查题型、基本题型等。通过这个网络，每个知识点都不会落下，而且对你解决综合题特别有帮助，能帮助你以一个全局的观念来看待每一个单元的每一个知识点。在数学考试中，综合题一般都是知识点的综合，每个知识点都不是很难，但是结合到一起，大多数同学就不会了。

一、提高综合解题能力

中考题有一大部分并不是只考单一的知识点，而是把几个知识要点串在一起，考查你的综合能力，这就需要你在精通每个知识要点的同时，学会触类旁通，学会灵活思考，学会调兵遣将。

那么，如何才能提高"综合解题能力"呢？下面有两点建议：

1. 对单一知识点要非常熟悉

就理科而言，对某一单一知识点，它的条件，它适用的范围，它会得出的结果，这些结果在什么计算中会用到，心中都要清楚。做综合题，这些单一知识点就像工具箱里零散的工具，你试解这道题，就是在不断检索哪些工具适用，如果把它们分类摆放，你可以信手拈来，你的检索速度就会加快；它们每一样都已磨利，综合题就会在组合工具下迎刃而解。相反，如果调用每一个知识点或公式对你来说都像解一道难题，或者有的工具一下子找不到（在考场上紧张和暂时遗忘常会使你忘掉不熟的公式），你就只能望题兴叹了。

2. 学会总结

在进行单元小结或学期总结时，很多同学往往过分依赖老师，习惯于让老师带着复习和总结。其实，作为中学生，应该从一开始就培养自己总结的习惯。要做到：一看，看书、看笔记、看习题，通过看、回忆、熟悉所学内容；二列，列出相关的知识点，标出重点、难点，列出各知识点之间的关系，这相当于写出总结要点；三做，在此基础上有目的、有重点、有选择地解各种档次、类型的习题，通过解题来反馈，发现问题、解决问题，最后归纳出所学知识的各种题型及解题方法。

一些同学存在着这样的不良习惯，每当做完数学作业，一交了事，没做解题后的回顾小结。所以，尽管演练了不少题，但是做一题最多只会这一题，而中学数学题浩如烟海，题目稍加变化就有很多同学又无从下手，解题仍存在极大的盲目性，这种"食"而不化的做题习惯，将极大地妨碍解题能力的提高。

（1）每天做上几道综合题。如果没有时间，就先每天做一题。可以单设一个本，每天做一题，十天就是十道题，一个月就是 30 道题，有两三个月，就是 100 道题，数目也相当可观。一个月下来，你会做完一本有关综合题的习题本，实施这种办法，原来这一块儿再差，也一定可以追上来。

（2）善于总结做过的综合题，理清它的思路。大致的思路可用一句话来概括："问什么想什么，缺什么找什么。"顺序分3种，正推、逆推、两头推。也就是从条件入手，从结论入手，或从条件和结论同时入手。

（3）一般地，做完一些典型题目后，可从以下几个方面进行思考：

①总结解题经验、规律；

②寻求多种解法；

③考虑命题的变化（如逆命题、特殊化、推广等）；

④剖析命题的构成与核心；

⑤探讨出错的原因。

二、构建知识网络

当你掌握了数学的基础知识，并不代表那些知识已经是你自己的，你可以运用自如了。你要做的是弄清知识的基本原理、基本方法，体验知识的形成过程以及对知识本质意义的理解与感悟。这就要求对基础知识进行全面回顾，并形成自己的知识体系，把基础知识系统化，即对知识进行深度加工，寻找知识的特征和深层意义。

比如，在复习时寻找各种答案的结构特点和线路特征就是一种深度加工。应寻找知识的一致性特点，并将这些特点标准化，从而提高学习和记忆的效果和效率。

知识系统化最有效的方式是用"知识的三点"形成网络图，"三点"是指知识点、知识点之间的连接点、连接点上繁衍出来的生长点，概括地说就是"知识点——连接点——生长点"。知识点要夯实，连接点要形成网络，要清晰，而生长点就是将解决问题所需要的知识点重新整合，形成新的、解决问题的知识网络。从知识点到连接点再到生长点的形成是一个解读信息，调动、运用知识，重新整合的思维过程。

从基础知识着手整理出网络图，经过一段时间的网络思维训练，你再做题时，就会发现很多题目的解答已不再只是几百字的繁琐背诵记忆，而是变成了几个模块的简单组合和具体问题之间的有机联系，对它们特点的了解也会更加清晰。

三、中学数学知识的思维导图

数学是一个个知识概念的点阵，所有相关的、从属的知识概念要在头脑中形成一个网络。把不能纳入其中的知识概念认识清楚，各相关知识概念是怎样发展的，也要有一个清晰的脉络。

在上篇我们已经介绍了思维导图的绘制，而针对数学知识而言，更适合作思维导图，这些知识在头脑中形成网络，更易理解和记忆，下面列举一些数学知识的思维导图，希望同学们通过观察学习也能熟练掌握。

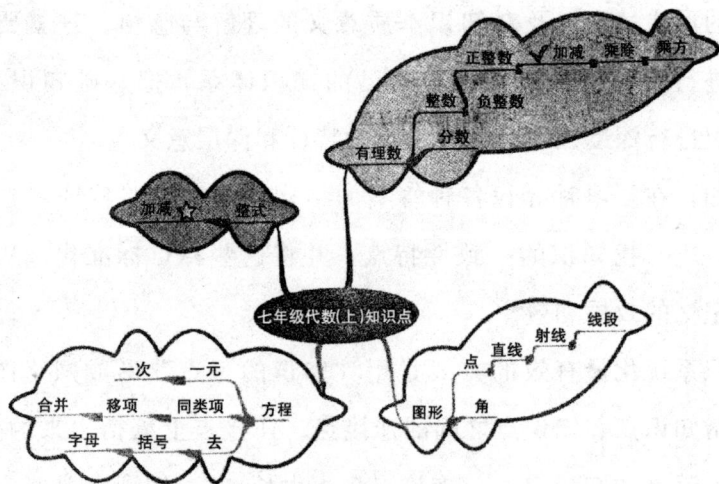

图1　七年级代数（上）知识点

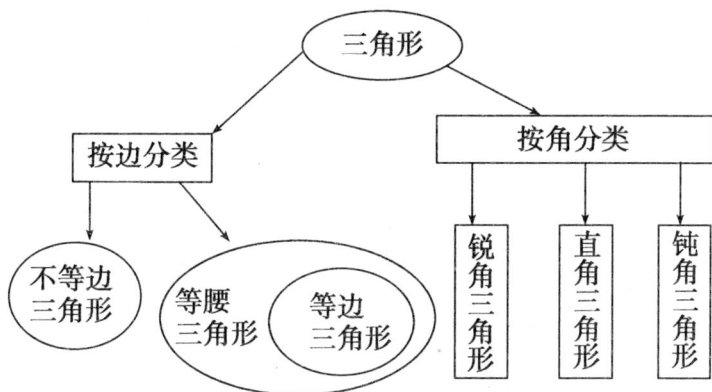

图 2　三角形关系图

重视预习、听讲和复习

　　数学能力的培养主要在课堂上进行，所以要特别重视课内的学习效率，寻求正确的学习方法。上课时要紧跟老师的思路，积极展开思维，预测下面的步骤，比较自己的解题思路与老师所讲的有哪些不同。特别要抓住基础知识和基本技能的学习，课后要及时复习不留疑点。首先要在做各种习题之前将老师所讲的知识点回忆一遍，正确掌握各类公式的推理过程，应尽量回忆而不采用不清楚立即翻书之举。认真独立完成作业，勤于思考，从某种意义上讲，不应养成不懂即问的学习作风，对于有些题目由于自己的思路不清，一时难以解出，应让自己冷静下来认真分析题目，尽量自己解决。在每个阶段的学习中要进行整理和归纳总结，把知识的点、线、面结合起来交织成知识网络，纳入自己的知识体系。

一、做好预习

　　学习数学也要养成预习的习惯，七年级时，很多同学往往不善于预习，也不知道预习起什么作用，预习仅是流于形式，草草看一遍，看不出问题和疑点。初中数学预习应做到：先粗读，粗略浏览教材的有关内容，掌握本节知识的概貌；再细读，对重要概念、公式、法则、定理反复阅读、体会、思考，注意知识的形成过程，对难以理解的概念做出记号，以便带着疑问去听课。

数学的预习不用你做太多的工作，主要是看数学课本，这需要我们既要动脑思考，还要动手练习。数学可以按"一划、二批、三试、四分"的方法来预习。

"一划"就是圈划知识要点。

"二批"就是把预习时的体会、见解以及自己暂时不能理解的内容，批注在书的空白地方。

"三试"就是尝试性地做一些简单的练习，检验自己预习的效果。

"四分"就是把自己预习这节的知识要点列出来，分出哪些是通过预习已掌握的，哪些知识是自己预习不能理解掌握的，需要在课堂学习中进一步学习。

例如：通过预习这节课的内容，我们可以列出以下要求：

1. 什么是已知数，什么是未知数，什么是方程，什么是方程的解，什么是解方程。

2. 会判别一个式子是否是方程。

3. 会列一元一次方程。

4. 会检验一个数是否是某一个方程的解。

实践证明，养成良好的预习习惯，能使被动学习变为主动学习，同时能逐渐培养我们的自学能力。

二、认真听讲

课堂听课是初中数学学习中最重要的一环。数学听课要坚持做到"五到"，即耳到、眼到、口到、心到、手到。

耳到：就是在听课的过程中，既要听老师讲的知识重点和难点，又要听同学回答问题的内容，特别要注意听自己预习时未看懂的问题。

眼到：就是一看老师讲课的表情、手势所表达的意思，看老师的演示实验、板书内容；二看老师要求看的课本内容，把书上知识与老师课堂讲的知识联系起来。

口到：就是自己预习时没有掌握的，课堂上新生的疑问，都提出来，请教老师。

心到：就是课堂上要积极思考，注意理解课堂的新知识。关键是理解并能融会贯通，灵活使用。

对于老师讲的新概念，应抓住关键字眼，变换角度去理解。如命题"只有 0 和 1 的算术平方根是它本身"，可以改写为"如果一个数的算术平方根是它本身，那么这个数是 0 或 1"。

手到：就是在听、看、思的同时，要适当地动手做一些笔记。

在听课方法方面要处理好"听""思""记"的关系：

"听"是直接用感官接受知识，听课时要听每节课的学习要求；听知识引入及知识形成过程；听懂重点、难点剖析（尤其是预习中的疑点）；听例题解法的思路和数学思想方法的体现；听好课后小结。

"思"是指要善于动脑思考。

"记"是指课堂笔记。注意不要老师黑板上写什么就抄什么，不要用"记"代替"听"和"思"。有的同学笔记虽然记得很全，但收效甚微。记笔记要服从听讲，要掌握记录时机，记要点、记疑问、记解题思路和方法，让"记"为"听"和"思"服务。

掌握好这三者的关系，就能使数学的课堂学习达到较完美的境界。

三、课后复习

有的同学在课后往往由于急于完成书面作业，而忽视必要的巩固、记忆和复习，以致出现照例题模仿、套公式解题的现象，造成为交作业而做作业，没使作业发挥到练习巩固、深化理解知识的应有作用。为此，必须要求自己每天先阅读教材，结合笔记记录的重点、难点，回顾课堂讲授的知识、方法，同时记忆公式和定理，然后再做作业。

复习巩固应注意掌握以下四种方法：

1. 合理安排复习时间。"趁热打铁"，当天学习的功课当天必须复习，无论当天作业有多多、多难，都要巩固复习，一定要养成先看书复习再做作业的习惯。

2. 广泛采用综合复习方法。即通过找出知识的左右关系和纵横之间的内在联系，从整体上提高，这种方法既适用于平时复习更适用于单元复习、期中复习、期末复习和毕业复习。

综合复习具体可分"三步走"：首先是纵观全局，浏览全部内容，通过唤起回忆，初步形成完整的知识体系；其次是加深理解，对所学内容进行综合分析；最后是整理巩固，像华罗庚所说"找另一条线索把旧东西重新贯穿起来"，形成完整的知识体系。

3. 重视实际应用的复习方法。数学复习不能像文科复习主要靠背记，应通过"完成实际作业"来实现对数学的复习，教育家明确指出，在数学课程中"应当注意把知识的实际应用作为重要的复习方法"，例如复习一元二次方程可做以下四道题：

(1)方程 $3x^2-5x+a=0$ 的一根大于 -2 而小于 0，另一根大于 1 而小于 3，求实数 a 的取值范围。

(2)方程 $2mx^2-4mx+3(m-1)=0$ 有两个实数根，确定实数 m 的取值范围。

(3)方程 $x^2+(m-2)x+5-m=0$ 的两根都大于 2，确定实数 m 的取值范围。

(4)已知三角形的两边长 a、b 是方程 $2x^2-mx+2=0$ 的两根，且 c 的边长为 8，求实数 m 的取值范围。

通过练习，从正、侧、反面三种不同角度理解一元二次方程的知识，便于抓住本质强化记忆。正面复习一元二次方程的概念；用判别式讨论根的性质；根据根与系数关系的公式，把一元二次方程用函数的知识去理解。侧面从二次函数的角度来解决有关方程与不等式的问题。经过尝试失误，找出错误原因和解决方法，从反面留下深刻的印象。

4. 广览博集，突破薄弱环节的复习方法。要提高数学综合能力，还应突破自己知识的薄弱环节：一是多在薄弱环节上下功夫，加强巩固好课本知识；二是适当阅读一些课外读物，收集整理，广览博集，突破这一薄弱环节。这样，有利于从整体上提高数学综合能力。

勤思多练多动脑

数学成绩的提高、数学方法的掌握都与同学们良好的学习习惯分不开。我们除了要重视预习、听讲、复习外，还需要勤思多练多动脑。

一、多看例题

细心的朋友会发现，老师在讲解基础内容之后，总是给我们补充一些课外例、习题，这是大有裨益的，我们学的概念、定理，一般较抽象，要把它们具体化，就需要把它们运用在题目中，由于我们刚接触到这些知识，运用起来还不够熟练，这时，例题就帮了我们大忙，我们可以在看例题的过程中，将头脑中已有的概念具体化，使对知识的理解更深刻，更透彻。由于老师补充的例题十分有限，所以我们还应自己找一些来看，看例题，还要注意以下几点：

1. 不能只看皮毛，不看内涵

我们看例题，就是要真正掌握其方法，建立起更宽的解题思路，如果看一道就是一道，只记题目不记方法，看例题也就失去了它本来的意义。每看一道题目，就应理清它的思路，掌握它的思维方法，再遇到类似的题目或同类型的题目，心中有了大概的印象，做起来也就容易了，不过要强调一点，除非有十分的把握，否则不要凭借主观臆断，那样会犯经验主义错误，走进死胡同的。

2. 要把想和看结合起来

我们看例题，在读了题目以后，可以自己先大概想一下如何做，再对照解答，看自己的思路有哪点比解答更好，促使自己有所提高；或者自己的思路和解答不同，也要找出原因，总结经验。

3. 各难度层次的例题都照顾到

看例题要循序渐进，这同后面的"做练习"一样，但看比做有一个显著的好处：例题有现成的解答，思路清晰，只需我们循着它的思路走，就会得出结论，所以我们可以看一些技巧性较强、难度较大，自己很难解决，而又不超出所学内容的例题，例如中等难度的竞赛试题。

二、多做练习

要想学好数学，必须多做练习，但有的同学多做练习能学好，有的同学做了很多练习仍旧学不好，究其因，是"多做练习"是否得法的问题。

我们所说的"多做练习"，不是搞"题海战术"。后者只做不思，不能起到巩固概念，拓宽思路的作用，而且有"副作用"：把已学过的知识搅得一塌糊涂，理不出头绪，浪费时间又收获不大。我们所说的"多做练习"，是要大家在做了一道新颖的题目之后，多想一想：它究竟用到了哪些知识，是否可以多解，其结论是否还可以加强、推广，等等，还要真正掌握方法，切实做到以下三点，才能使"多做练习"真正发挥它的作用。

1. 必须熟悉各种基本题型并掌握其解法。课本上的每一道练习题，都是针对一个知识点出的，是最基本的题目，必须熟练掌握；课外的习题，也有许多基本题型，其运用方法较多，针对性也强，应该能够迅速做出。许多综合题只是若干个基本题的有机结合，基本题掌握了，当然就不愁解它们。

2. 在解题过程中有意识地注重题目所体现出的思维方法，以形成正确的思维定势。数学是思维的世界，有着众多思维的技巧，所以每道题在命题、解题过程中，都会反映出一定的思维方法，如果我们有意识地注重这些思维方法，时间长了头脑中便形成了对每一类题型的"通用"解法，即正确的思维定式，这时在解这一类的题目时就易如反掌了。同时，掌握了更多的思维方法，也为做综合题奠定了一定的基础。

3. 多做综合题。综合题，由于用到的知识点较多，颇受命题人青睐。做综合题也是检验自己学习成果的有力工具，通过做综合题，可以知道自己的不足所在，弥补不足，使自己的数学水平不断提高。

"多做练习"要长期坚持，每天都要做几道，时间长了才会有明显的效果和较大的收获。

三、独立完成作业

数学学习往往是通过做作业，以达到对知识的巩固、理解的加深和知识的运用，从而形成技能技巧，提高数学解题能力。

由于作业是在复习的基础上独立完成的，能检查出对所学数学知识的掌握程度，能考查出能力水平，所以它能够帮助我们及时地发现存在的问题和困难。当做错的题目较多时，往往标志着知识的理解与掌握上存在缺陷或问题，应引起警觉，需及早查明原因，予以解决。

通常，数学作业表现为解题，解题要运用所学的知识和方法。因此，在做作业前需要先复习，在基本理解与掌握所学教材的基础上进行，否则花费了时间，却得不到应有的效果。

解题，要按一定的程序、步骤进行。首先，要弄清题意，认真读题，仔细理解题意。如哪些是已知的数据、条件，哪些是未知数据、结论，题中涉及哪些运算，它们相互之间是怎样联系的，能否用图表示出来，等等，要详加推敲，彻底弄清。

在弄清题意的基础上，探索解题的途径，找出已知与未知，条件与结论之间的联系。回忆与之有关的知识方法，学过的例题、解过的题目等，并从形式到内容，从已知数、条件到未知数、结论。考虑能否利用它们的结果或方法，可否引进适当辅助元素后加以利用，是否能找出与该题有关的一个特殊问题或一个类似问题，考查解决它们对当前问题有什么启发，能否把它分开，一部分一部分加以考查或变更，再重新组合，以达到所求结果，等等。

根据探索得到的解题方案，按照所要求的书写格式和规范，把解题的过程叙述出来，并力求简单、明白、完整。最后还要对解题过程进行回顾，检查解答是否正确无误，每步推理或运算是否立论有据，答案是否说尽无遗，思考一下解题方法可否改进或是否有新的解法，总结出带有规律性的东西来。

总之，同学们做作业时应先尝试回忆复习，归纳、整理知识点；做习题应先审题，分析题意，找到解决问题的方法，理清思路，再开始做作业；完成以后，自我检查，提高准确率。作业是对听课的检查和对授课内容的巩固，同学们一定要独立思考，独立完成，坚决不抄袭他人的作业，遇到难题要自己查笔记、阅读课本的例题，再和其他同学一起讨论。

四、轻松应对考试

学数学并非为了单纯的考试，但考试成绩基本上还是可以反映出一个人数学水平的高低、数学素质的好坏的，要想在考试中取得好的成绩，以下几个方面的素质是必不可少的。

1. 功夫用在平时，考前不搞突击。考试中需要掌握的内容应该在平时就掌握好，考试前一天晚上不搞疲劳战，一定要休息好，这样，在考场上才能有充沛的精力。考试时还要放下包袱，驱除压力，把注意力集中在试卷上，认真分析，严密推理。

2. 应试需要技巧，试卷发下来后，应先大致看一下题量，大概分配一下时间，做题时若一道题用时太多还未找到思路，可暂时放过去，将会做的做完，回头再仔细考虑。一道题目做完之后不要急于做下一道，要再看一遍，因为这时脑中思路还比较清晰，检查起来比较容易。对于有若干问的解答题，在解答后面的问题时可以利用前面问题的结论，即使前面的问题没有解答出来，只要说清这个条件的出处（当然是题目要求证明的），也是可以运用的。另外，对于试题必须考虑周全，特别是填空题，有的要注明取值范围，有的答案不止一个，一定要细心，不要漏掉。

3. 考试时要冷静，有的同学一遇到不会的题目，脑袋立刻热了起来，结果，心里一着急，自己本来会的也做不出来了，这种心理状态是考不出好成绩的。我们在考试时不妨用一用自我安慰的心理，我不会的题目别人也不会，或许可以使心情平静，从而发挥出自己的最好水平。当然，安慰归安慰，对于那些一下子做不出的题目，还是要努力思考，尽量能做出多少就做多少，一定的步骤也是有分的。

数学中考中少不了有压轴题，一般此题综合性强、难度大，是同学们的弱点。在此，给大家介绍几种攻克数学压轴题的方法。

1. 有比较性的做专题

例如：当你做旋转的题时，做完两道或三道时，你要对比一下，看看它们是否有相同点，自己去悟出一些做题的技巧。

2. 多背经常出现的题型

背那些经常出现的题型，主要是背方法，之后把它总结下来。

3. 多和老师沟通，切忌闭门造车

很多同学喜欢自己研究难题，其实这种学习态度是好的，但凡事要是过了度就不好了。如果学生们已经处在九年级的位置，由于学习进度很快，根本没有太多时间留给自己去思考问题。所以当学生发现问题时，尤其是压轴题，经过两个小时左右思考后，如果还是未果，那一定要及时问老师，切忌一门心思闭门造车。

4.看一些有关竞赛的书

很多中考题的压轴题都来源于竞赛题，所以你可以试着看一些竞赛书。

不论是平时练，还是考试做题，答题时一定要注意：思考的过程要戒骄戒躁；审题的要求要主次分明；答案的步骤要条理清晰；检查的内容要有条不紊。

教你几招数学学习法

一、数学审题法

1.认真审题

审题是解题的第一个重要步骤，审题要做到认真、仔细、全面。审题不仅仅是文字上的理解和把握明显的已知条件和关系，还要挖掘题目中隐含的条件和关系，审题、解题是从已知到解答的全过程。

例：已知单项式 $3x^{m-n+2}y^5$ 与 $5x^3y^{2m+n}$ 是同类项，求 m，n 的值。

审题的第一步要明确题意，即题目已知什么，题目要求什么。显然本题已知是所给两个单项式是同类项，要求的是单项式指数中的未知字母 m，n 的值。

审题的第二步是明确题目涉及到哪些数学概念和基本关系。这些概念与基本关系与题目所求的有什么特定的关系？从本题来看题目涉及到同类项的概念，由同类项中相同字母的指数分别相同可以得到本题隐含的两个特定的等量关系：

$m-n+2=3$ 和 $2m+n=5$。

审题的第三步是寻找解题关键。本题的解题关键是解方程组：

$$\begin{cases} m-n+2=3, \\ 2m+n=5。 \end{cases}$$

从上例可以看出：基本概念、基本解题方法是否清楚，也是审好题的重要前提条件。

2. 要善于寻找解题的途径

解题是一个从模仿到创造的思维过程，寻找解题思路，首先要熟知基本的解题方法，其次应善于在基本方法与题目之间形成联想，即形成解题方案，当然这种联想应该是问题特征与基本方法之间的一种特殊的内在联系，即适合于具体题目的特殊解法。我们以寻求解三元

一次方程组，$\begin{cases} x-2y-z=-3, & \cdots\cdots (1) \\ 2x-y-z=0, & \cdots\cdots (2) \\ x-y-2z=-5 & \cdots\cdots (3) \end{cases}$ 的解题途径为例进行说明。

我们知道解三元一次方程组的基本方法是"消元"，即通过逐步"消元"化为"二元"，再化为"一元"。求解消元的具体方法有两种："代入"和"加减"消元法，然而仔细观察本题的特征，不难发现，方程组中三个方程 x、y、z 的系数有轮换排列的规律，把三个方程相加所得的 x、y、z 的系数的绝对值均为 4，于是可采用三个方程相加再除以 4，用所得方程分别减去方程（1）、（2）、（3），即可得方程组的解。

本题虽然也可以用一般方法求解，但较烦琐。由此可以看出，寻

找解题途径的关键是针对题目的特征，寻求适合题目特点的解法。

3. 训练一题多解，拓宽解题思路

同一题目，往往因思路不同而解法各异，繁简不一，要提高解题的灵活性和技巧，办法就是进行一题多解的训练，例如要求解如下题目：

已知 $A = x^2 - 2x$，$B = 3x - 4$，$C = \dfrac{1}{-2x^2 + x - 6}$，计算 $A -$（$3B - 2C$）。

可以有以下两种解法：

解法 1：将 A、B、C 所表示的代数式直接代入 $A -$（$3B - 2C$）求解。

解法 2：由 $A -$（$3B - 2C$）$= A - 3B + 2C$，再代入 A、B、C 表示的代数式求解。

比较两种解法可知，第二种解法比第一种解法来得简便，第二种解法先去括号，使运算得到进一步的简化。由此可见，解题方法的多样性，有利于培养我们善于观察、勤于思考的良好的学习习惯，拓宽解题思路，提高解题能力。

二、"突破口"学习法

如果说解开一道难题就好比是打开一座城堡，那么毫无疑问，选好并打开"突破口"是关键的关键。正如"突破口"学习法的创立人郑品元老师所说的："突破口"找得准，就能化繁为简，化难为易，获得巧妙简捷的解法。郑老师在多年的教学实践中，总结出以下 6 种行之有效的寻找"突破口"的方法：

1. 从条件与结论的关系特点入手

例：已知 $a = \sqrt{17} - 1$，求 $(a^5 + 2a^4 - 17a^3 - a^2 + 18a - 17)^{1994}$ 的值。

经观察，本题的条件和结论之间有如下紧密相连的关系特点：从条件看，$a=\sqrt{17}-1 \Rightarrow (a+1)^2=17 \Rightarrow a^2+2a-16=0$；再从结论看，$a^5+2a^4-17a^3-a^2+18a-17=(a^5+2a^4-16a^3)-(a^3+2a^2-16a)+(a^2+2a-16)-1=a^3(a^2+2a-16)-a(a^2+2a-16)+(a^2+2a-16)-1$。这样，就以"$a^2+2a-16=0$"为中介沟通了条件和结论之间的联系，从而立即可知$(a^5+2a^4-17a^3-a^2+18a-17)^{1994}=(-1)^{1994}=1$。

2. 从数形结合的角度入手

例：若$a<b<0$，试用"<"按从小到大的顺序将$-a$，$|b|$，$a-|b|$，$|a|-b$ 连接起来。

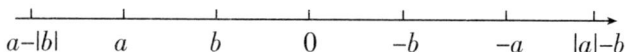

先对"数"进行剖析：已知$a<b<0$，则$|a|>|b|$。又$-a=|a|>0$，$|b|>0$，$a-|b|=-|a|-|b|<0$，$|a|-b=|a|+|b|>0$。然后把要比较的数在数轴上一一表示出来（见上图），立即可得：$a-|b|<|b|<-a<|a|-b$。就此题而言，数形结合（把数表示在数轴上）就是"突破口"。

3. 从公式的互逆变换入手

例：化简：$\dfrac{1+2\sqrt{6}-\sqrt{21}}{\sqrt{7}+\sqrt{3}+2\sqrt{2}}$。

本题的"突破口"是对"1"进行逆向变换，则可得到如下简捷的

解法：原式$=\dfrac{(2\sqrt{2}+\sqrt{7})\times(2\sqrt{2}-\sqrt{7})+\sqrt{3}(2\sqrt{2}-\sqrt{7})}{\sqrt{7}+\sqrt{3}+2\sqrt{2}}$

$=\dfrac{(2\sqrt{2}-\sqrt{7})(2\sqrt{2}+\sqrt{7}+\sqrt{3})}{\sqrt{7}+\sqrt{3}+2\sqrt{2}}$

$=2\sqrt{2}-\sqrt{7}$。

4. 从数值或字母的变化规律入手

例：证明 $3^{24}-1$ 有因数 91。

因为 $3^{24}-1=(3^{12})^2-1=(3^{12}+1)\times(3^{12}-1)$，所以本题的"突破口"是运用平方差公式进行有限次因式分解，直到出现因数 91 为止。即 $3^{24}-1=(3^{12}+1)(3^{12}-1)=(3^{12}+1)(3^6+1)(3^6-1)=(3^{12}+1)(3^6+1)$ $(3^3+1)(3^3-1)=(3^{12}+1)(3^6+1)\times28\times26=(3^{12}+1)(3^6+1)\times4\times2\times$ 91，故 $3^{24}-1$ 有因数 91。

第三章　英语——循序渐进

对于生活在 21 世纪的我们来说，掌握一门外语很重要，尤其是英语。但学习英语并不是一件容易的事，它不仅需要你掌握成千上万的单词，成百上千条语法，以及习惯用语等，还需要你能流利地把这些运用在实际生活的交流中。如果把英语当成一种乐趣去学，掌握正确的方法和技巧，循序渐进、持之以恒，总有一天会水滴石穿！

让英语成为一种习惯

自信是学好每一门科目的前提。俗话说得好：万事开头难。其实，许多英语初学者就是在开始学英语时被一大堆词汇和语法规则弄得对英语望而生畏，从而失去信心的。其实，英语就是一个语言工具而已。

有恒心是学习英语的关键。英语其实并不难学，难的是坚持。许多人开始学习时劲头很足，但逐渐失去热情和耐心，因为语言学习是一个逐步积累的过程，需要花费时间和精力。因此，学习英语要发扬持之以恒的韧劲，坚持就是胜利。

培根说过：习惯是一种顽强而巨大的力量，它可以主宰人生。学习英语，中学时期是打基础的最佳阶段。所以，一定要养成好的习惯，有了好的开始，就成功了一半。要想学好英语，下面几点习惯是你必须养成的：

1. 有良好的学习习惯

良好的学习习惯包括认真预习、听课、复习、完成作业等，还必须培养自己做到细心、耐心、恒心、耐挫折等过硬的心理品质。

要听好每一节课，关键是提高听课的注意力。那么上课时如何集中精力呢？上课时，应该围绕着所学内容，积极思考。要做到积极思考就要做到专心听讲。上课不要去苦苦思索上节课没有解决的问题，而是要集中精力学好本节的内容，否则就会造成恶性循环。

要以理解为主。听讲的目的，就是要听懂老师讲解的内容。有些学生听讲时分不清主次，结果抓住了芝麻，却丢掉了西瓜。课堂上听是主体，原则是先听清楚再思考，思考懂了再做笔记，不要只顾思考和做笔记而忘记了听讲或顾不上听讲。

要有比较地听讲。听课中，要把自己在预习自学中的理解和老师讲解的相比较，看自己和老师有哪些相同点和区别点。通过这种比较，肯定会让你加深理解。

要细心领会老师所讲的每一个细节。在细节上看老师是怎样思考、分析、判断和处理的。越是细小的细节越重要，越能学到知识。

要积极地回答问题。老师的提问往往是教材中的重点、难点或需要特别注意的地方，要快速思考、积极发言。在别的同学回答问题时，也要精力集中，边听边分析正误，留心不完善的或有错的地方，随时准备补充和纠正。上课不仅仅是老师向学生单方面传递知识的过程，而且是老师和学生相互交流信息的过程。其中的主要形式之一，就是老师提问，学生回答。这样做，一方面可调动大家的积极性，启发大家思考，提高听课效率；另一方面还能锻炼同学们的语言表达能力和大脑的快速反应能力，将被动的听课变为主动的参与。因此，你可不要失去这样的好机会！要随时准备积极发言。课外认真复习，完成作业。

2. 有兴趣

"兴趣是最好的老师"。兴趣是学习英语的巨大动力，有了兴趣，学习就会事半功倍。我们都有这样的经验：喜欢的事，就容易坚持下去；不喜欢的事，是很难坚持下去的。而兴趣不是与生俱来的，需要培养。

有的同学说："我一看到英语就头疼，怎么能培养对英语的兴趣呢？"还有的同学说："英语单词我今天记了明天忘，我太笨了，唉，我算没治了。"这都是缺乏信心的表现。初学英语时，没有掌握正确的学习方法，没有树立必胜的信心，缺乏了克服困难的勇气，丧失了上进的动力，稍遇失败，就会向挫折缴枪，向困难低头。你就会感到英语是一门枯燥无味的学科，学了一段时间之后，学习积极性也逐渐降低，自然也就不会取得好成绩。

但是，只要在老师的帮助下，认识到学习英语的必要性，用正确的态度对待英语学习，用科学的方法指导学习，开始时多参加一些英语方面的活动，比如，唱英文歌、做英语游戏、读英语幽默短文、练习口语对话等，时间长了，懂得多了，就有了兴趣，当然，学习起来也就有了动力。

3. 不间断

每天练习、每天训练，养成好习惯。

例如：每天有计划地训练自己的"翻译能力"，最好的办法就是每天翻译一篇小短文。学习英语的最高目标就是：中英文自由转换！这也是社会最需要的能力，当然这也是为你自己创造最大价值的能力！这个能力很难获得，一定要每天坚持练习！先准确翻译单词，然后是句子，其次是短文。

4. 方式多样化

看书、做题累了，可以听听英语歌或做英语拼词游戏。变换学习方式能使英语学习变得轻松随意。匈牙利著名女翻译家卡扎·罗姆尔说过："外语好比堡垒，必须从四面八方围攻：读外文报，听外语广播，看外语电影，听外语讲座，读外语课本等等，都是学习外语的方法。"

5. 随时随地学英语

许多同学总是抱怨自己缺少学习英语的环境。其实，只要用心观察我们身边的生活，你就不难发现接触英语的机会很多，如可以读英文报纸、杂志，收听或收看适合自己水平的英语节目。

6. 活学活用

记单词、学短语、句型要结合具体语境，不要脱离上下文孤立地死记硬背。碰到自己不熟悉的用法要勤于思考并不断地积累。

7. 要大胆练口语，不要怕出错

要知道，其他人，包括你的老师，在他们开始学英语的时候，也会出现很多的错误，但他们知道如何纠正自己的错误。你并不比他们笨，你当然也能做到。只要把错误改正，就自然会变成自己的东西。

8. 要善于总结、归纳英语学习中的规律

在发现规律的同时，还要特别注意那些特例。如元音字母 a 在开音节单词中大多读其字母音 [eɪ]，在 have 中却发 [æ]。

只要你拥有渴望学好英语的决心，你自然就会从心底滋生出一种对英语的喜爱之情。把学习英语当成一个开心而愉快的美差，当然也就没有必要用头悬梁、锥刺股的方式逼着自己了。

增加英语词汇量

学英语，词汇的记忆是必不可少的，词汇是学好英语的基础，没有了词汇，也就谈不上句子，更谈不上文章，所以记单词对于我们就显得极其重要。

一、记忆时间很重要

记忆英语单词是一项很艰苦的工作，必须集中全部注意力才行。所以外部环境的干扰越少越好。刚睡醒和睡觉前，是人一天中头脑最清醒、杂念也最少的时候，把这两段黄金时间用在记忆英语单词上，就犹如把好钢用在了刀刃上。

那么，在睡前和醒后要怎么背单词才最有效呢？下面是一些具体的做法：

把一天学到的单词和带有这个单词的句子分两行抄在白纸或本子上，如：

bread ［bred］面包（能用图画表示更佳）

Please pass me two pieces of bread.

以下接着抄写其他的单词和句子。当确信自己已记住这些单词（可以是三五个，也可以是十几个）和句子时，闭上眼睛，这时便会感到这些单词在眼中出现（不这样做也可以）。然后什么事也不要做，立即躺下睡觉。第二天早上起来，不要做其他的事，尽量回忆前一天临睡前记过的单词和句子。也许你只能回忆起其中的几个单词或句子。可能先回忆起的是带有那个单词的句子，而不是单词，顺序也可能不一致。边回忆边写在纸上。实在回忆不出时再看昨天写过的纸，这样再复习两遍，以此加深记忆。

据称，使用这种方法，起初每次只能回忆起四五个单词，但以后便逐渐增多。一般能回忆起 10 个左右。这样，加上白天抽出点滴时间复习，一天记上十几个、20 个单词是不会有很大困难的。即以一天 20 个计，10 天就是 200 个，100 天就是 2000 个，那么一年不就可以记上 6000 个左右的英语单词了吗？三年呢？

二、记忆方法很重要

一般人认为背单词是件既吃力，又往往成效不大的苦差事。实际上，若能采用适当的方法，是可以缩短扩大词汇量所需的时间，并且可以大大提高记忆单词的质量。

下面给你介绍几种单词记忆法。

1. 拼读记忆法

英语是拼音文字，初学时必须掌握 26 个字母及其典型字母的读音规则。例如只要掌握开音节、闭音节、字母组合等规则，像 tea－cher，po－llu－tion 这样按读音写下来，并不难。

2. 联想记忆法

同音词联想记忆，如 son 联想到 sun；sea 联想到 see。反义词、同义词联想记忆，如 short 联想到 long；由 wet 联想到 dry；big 联想到 large；answer 联想到 reply。

3. 单词记忆"品"字法

单词记忆"品"字法就是若要记 100 个单词，第一次记忆 20 个；第二次复记第一次的 20 个，再记另 20 个；第三次复记前 40 个，再记 20 个；第四次复记前 60 个，再记另 20 个；第五次复记前 80 个，再记另 20 个；第六次先记后 20 个，再复记前 80 个。这个记忆法是根据艾宾浩斯遗忘曲线的理论形成的。他的实验证明"遗忘的进程不是均衡的，在识记后短时间内，遗忘进行得较快，遗忘得较多，以后逐渐缓慢，到一定时间，几乎不再遗忘"。

所以，"品"字记忆法也有人称为"叠罗汉"。

4. "四合一"法

"四合一"法就是眼看单词、词义、词性；口读这个单词；耳听这个单词；手在纸上写这个单词。这个方法能使人眼、口、耳、手并用，使人精力集中。这是一种最简单、最方便、最适合学生操作的方法。目前，中学里的大多数学生都采用这一方法，并注意在记忆一课单词时不能只进行一次。较好的是每天 1～2 次，每次 5 分钟左右。

5. 筛选法

筛选法就是边学边将学过的单词抄在一个小本子上，不加任何释义，每天抽 10 分钟时间看 100 个左右的词。有些词由于复现率高，根本不用去记忆，这样剩下需要记忆的词就不多了，经过反复筛选，反复记忆，记住单词是不难办到的。

6. 结合句意记忆法

将比较生疏，不常用的单词放入一定的语言环境——句子中，结合句意来记忆单词。遇到此单词时，若词义忘记，则可通过回忆所在句子的意思来记忆单词。例如：

critical

adj.

①批评（性）的，吹毛求疵的

I don't like people who are too critical about everything.

我不喜欢对每件事都太吹毛求疵的人。

②紧要的，关键的；危急的

His condition is reported as being very critical.

据报告他的情况非常危急。

通过此法来掌握词汇，既有助于记住单词本身的拼写、拼读，又可同时熟悉词的词义、词性、用法和搭配，比孤立地背记单词效果要好。

7. 同类记忆法

将同类词汇收集在一起，同时背记。注意，同类词汇与同义词不同：同义词是指意思相同，而同类词是指基本属性相同、具体意义的层次、级别或范围不同的一类词汇。

例如：bachelor（学士）、master（硕士），doctor（博士）三个词都表示学位授予的情况，但具体级别不同，所以这三个词也是一组同类词汇。

这样，将同类词汇放在一起记忆，当遇到其中一个词时，头脑中出现的就是一组词，效率大大提高了。

8. 比较记忆法

把同义词或形似词放在一起，加以区别、说明来掌握单词的方法。记忆的过程是一组组、一对对单词同时记忆。这种记忆方法可以记住单词拼写的同时，还掌握了词与词的区别和各自特殊的用法，于是将平时极易混淆的单词清楚地区别开。例如：

acquire，inquire，require 是三个形似词，拼写很相似，但意思却完全不同：acquire（取得，获得），inquire（打听，查询），require（需要，要求，命令）。

9. 构词法记忆法

通过掌握构词法来记忆单词。英语主要有 3 种构词法：

①转化，即由一个词类转化为另一个词类。例如：

picture（*n.*）画—picture（*v.*）描绘

water（*n.*）水—water（*v.*）浇水

②派生，即单词加前缀或后缀构成另一个词。例如：

happy—unhappy（加前缀）/happiness（加后缀）

③合成，即由两个或更多的词合成一个词。例如：

wood（木）＋cut（刻）—woodcut（木刻）

pea（豌豆）＋nut（坚果）—peanut（花生）

这种记忆法可以将具有同一基本意义的不同词性或具有相反意义的一系列单词同时记忆，使不同单词的词义、词性不易混淆。

10. 根义记忆法

利用根义代替记忆多义，可以解决"没有生词"却老读不懂的问题。比如要问 immediate（ly）是否已记住，回答当然是肯定的。那么就请看下面三个"没有生词"的片段：

①The woman immediately appears behind the car.

②She is my immediate neighbour.

③the immediate cause

若没有读懂，那么就请看 immediate(ly) 的根义。

听说并用，培养语感

现在的英语考试中，听力已经渐渐地成为主考的项目。听力部分一般是放在笔试部分的前面，因此听力的好坏对考试的成绩、对考生的信心、情绪，都会有很大的影响。

此外，在英语学习中，可以借助听觉，大量、快速地复习学过的单词和词组，并在此基础上扩大知识面，更多地掌握同一词的不同用法，提高阅读速度与理解能力。

一、训练听力

如何训练自己的听力呢？下面教你几招：

方法一，随时随地法。就是抓紧每一分钟，如上学放学的路上、茶余饭后的闲暇、睡前醒后的空当，见缝插针，有时间就戴上耳机，听，听，听！

方法二，集中分段法。所谓"集中分段"，有两层意思，先说"集中"，集中，就是在某一段时间内，集中精力听一个内容，在一盘录音带没有听懂、听熟之前，先不听别的内容。再看"分段"，分段，就是把一天的时间分成若干段，每一段听不同的内容，这看上去似乎与"集中"有点矛盾，其实不然。有时听听英语歌曲、英语广播，转移一下注意力和紧张的神经，正是为了更好地"集中"。

方法三，先慢后快法。为了建立起信心，开始时不妨听语速慢的英语听力训练，然后再过渡到语速快的英语听力训练，有一位同学讲，她备战中考时，就曾先听语速比正式考试慢一倍的英语听力训练，练习听力题。然后再听语速与考试时一样的英语听力训练，进行练习。因为是分两步上的这个高台阶，所以并不觉得吃力。表面上是慢了，实际上并不慢。

方法四，先中后外法。如今许多人都过于强调所谓原汁原味，去听外国人的英语听力训练。其实完全没必要。有一位同学讲她就是先听中国老师录的英语听力训练，然后才过渡到外国人录的英语听力训练，并没有觉得有什么不妥。事实上，就算是一天到晚听外国人的英语听力训练，只要是生活在中文环境中，仍很难练成什么"纯正"的口音。

在英语学习方面，一位英语成绩好的同学认为一味的背单词和做题都不是最好的方法，他说："坚持收听英语广播练习听力是我学习英语的一个好方法。每天早晨六点我都准时收听 VOA——美国之音，这样既训练了我的听力，又提高了我对英语学习的兴趣，同时还可以了解国内外发生的大事。"

方法五，词汇过关法。听英语听力训练时，要听课文，也要听词汇。有一位同学的体会是，在某种程度上讲，听词汇比听课文更重要。她几乎每天都要听一遍中学课本的词汇册，天长日久，在脑子里就形成了"听觉记忆"，以后碰上听过的词，脑子里一下就能反应出来。就如同看熟了的老电影，听了上句，就知道下句是什么一个道理。

方法六，自录自听法。自录自听的好处很多，比如可以借此检查自己的弱点，可以借此增强自己的自信心，又可以借此添加一点趣味。有一位同学说，她自录时，一开始都有一句："Do your best!"（尽力而为!）自己给自己鼓劲。

二、大胆地说

学习英语，听说并用，当听懂后，还要大胆地说，这样才能更好地学语言。

方法是：听一句播讲人的话，自己学说一句，即模仿。根据自己的水平确定学"说"的时间长度，尽量"说"完整的一句，即复述。

学"说"过程可以分两步走：第一步是"比读"，即把自己学"说"的语音录下来，与标准的语音对比，看看什么地方学得不像，如此不断重复，直到能模仿说出大体上正确的语音为止；第二步与录音带上的声音同步"说"。

1. 模仿的原则

一要大声模仿。这一点很重要，模仿时要大大方方，清清楚楚，一板一眼，口形要到位，不能扭扭捏捏，小声小气地在嗓子眼里嘟囔。

二要随时都准备纠正自己说不好的单词、短语等。有了这种意识，在模仿时就不会觉得单调、枯燥，才能主动地、有意识地、有目的地去模仿，这种模仿才是真正的模仿，才能达到模仿的目的，也就是要用心揣摩、体会。

三要坚持长期模仿。一般来说，纯正、优美的语音、语调不是短期模仿所能达到的，它需要一段时间。时间的长短取决于学习者的专心程度。

模仿练习时要注意一个问题，就是害羞心理。害羞心理一方面源于性格，一般性格内向的人，讲话时易小声小气，这对学习英语语音语调很不利，要注意克服。另一方面是源于自卑心理，总以为自己英语水平太差，不敢开口，尤其是当与口语水平比自己高的人对话时，更易出现这种情况。克服这种心理障碍，是学好口语的前提。

2. 复述的方法

学英语离不开记忆，记忆不是死记硬背，要有灵活性。复述就是一种很好的自我训练口语，记忆单词、句子的形式。

复述有两种常见的方法：一是阅读后复述，一是听英语音频或视频后复述。后一种方法更好些，这是一种既练听力又练口语表达能力的学习方法。同时，可以提高注意力的集中程度，提高听的效果，而且还可以提高记忆力，克服听完就忘的毛病。

3. 复述的原则

要循序渐进，可由一两句开始，听完后用自己的话（英语）把所听到的内容说出来，一遍复述不下来，可多听几遍，越练遗忘就越少。在刚开始练习时，因语言表达能力、技巧等方面的原因，往往复述接近于背诵，但在基础逐渐打起来后，就会慢慢放开，由"死"到"活"。在保证语言正确的前提下，复述可有越来越大的灵活性，如改变句子结构，删去一些不太有用或过难的东西，长段可以缩短，甚至仅复述大意或作主要的内容概括。

三、培养语感

英语和语文一样，都是非常需要语感的科目，在英语学习中，要善于培养语感，多读多听，并学会创造适合英语学习的环境。英语最关键的就是多听多说，听了说了语感自然就有了。下面介绍一种培养语感的好办法——自问自答法。

所谓自问自答法，简单地说就是用英语思维，自己提问、自己回答，把自己"关"在英语环境中。有这样一个故事，一位同学在学习上总是被动地等待老师来"喂"，所以对老师所教的知识总是一知半解、囫囵吞枣。所学知识不久便从他的脑海中跑得无影无踪了。上课时，老师提出了一些问题，他只等待现成的结论。所以，一旦叫到他回答，他便前言不着后语地说一通，到了考试或测验时，总是考60多分。为了摆脱原来那种不知所措的被动局面，这位同学就采用了自问自答法。上课时，当老师一提出问题，他便把自己置身其中，老师说得对不对？为什么？还有没有更好的答案？对自己多提问题，让自己去积极思考。有时一个问题会有几个答案。譬如，课文的分段：可以按时间分，也可以按地点来分，又可以……这样分可不可以？怎么分呢？各有什么理由？这样思考，可以提高自己的分析判断能力。

在学习单词时，也可用自问自答法。如：不同的单词有相同的意思，而用法却是截然不同的。"listen"和"hear"都表示"听"，而它们的区别在哪里？该怎么用才正确？都要给自己打个问号，让自己解答。还有，中文意思相同的词组中，有时有几种英语的表达方式，如"照顾"是"look after"，但还有没有另一种表达方式？这就需要给自己提出疑问，而且尽力去解答。经过自己查阅资料，终于找到了正确的答案——"take care of"也表示"照顾"。

自问自答法有一大优势，就是几乎不要求有什么条件。在路上一个人可以自问自答，看报时也可以自问自答……

当然，自问自答法的最大条件，大概就是要求得有一定的毅力，否则是坚持不下来的。但只要坚持下来，久而久之，英语水平肯定会有大的提高。

勤写多背，善于分析

要想提高英语成绩，尤其是英语的写作成绩，没有什么捷径可走，就是勤写作、多背范文。

一、勤写作

养成写英文日记的好习惯很重要，我们可以按照下面的步骤去训练：

第一步，就是选择材料，考虑该写哪件事。第二步，就是要把一件事的起因、经过、结果等想清楚。这两步，与写中文日记没多大区别。而第三步，才是最关键的一步，也是最难的一步，那就是要把在大脑中形成的日记内容写成英文，就像平时做的"汉译英"练习一样。

这一步需要运用平日学到的单词、词组、时态、语法等知识。有的地方如果不会对译，就可以换种说法，使意思与原来的差不多。比如，想写"他很讨人喜欢"时，"讨人喜欢"这个词组不会用英语写出，就可以把它改成"人们都很喜欢他"。写英文日记不同于写中文日记，因为中文是自己的母语，用它来写日记，比较方便、熟练，但写英文日记就不同，因为我们所积累的英语词汇有限，所以在打腹稿时，应着眼于把意思表达清楚，在此基础上再加以修饰。如果单纯地追求语句的华丽，思想上或语言上就会发生障碍。

二、多背多记忆

1. 背听写材料

把一段录音的听写材料翻来覆去地高声朗读，达到基本会背诵的程度。"背"对于提高听力有很大的作用。例如慢速英语新闻广播有一定的格式和句型，"背"上一段以后，就会熟悉它的风格和常用的句型，就比较容易听懂新的内容。有时甚至可以超前领会播讲人的语义，听了一句话中前面的几个词后能提前说出后面的一些词，或听了上一句话后能提前说出下一句来。到了这个地步，听写时的紧张心情就减轻了，或者基本上消除了。心情一放松，水平就能发挥出来，应该听懂的也就能听懂了。

2. 精背课文

教材中的课文是我们学习中最为基础也是最为关键的内容，因为教材中的东西一般都具有科学性和系统性。下面我们所介绍的练习步骤可供同学们参照：

（1）每周精选2～3段重点密集的课文（根据水平而定，别贪多），充分预习解决疑难。

（2）逐词逐句，反复精听，把握语音语调，然后模仿跟读直至成诵。

（3）默写对照，确保完全正确。

（4）开展互背互听比赛（争取达到语音最地道、背诵最熟练）。

（5）运用背熟的句子进行口、笔译或对话练习。

精学英语成功的关键取决于"熟练与地道"的程度。熟，方能生巧。同学们必须重复重复再重复，直到倒背如流。其他诸如听力、阅读、做题等方面也都存在精泛结合的辩证法之中，请同学们不要忘了细心领悟。

3. 背诵范文

在背诵英语范文时，除了注意化整为零、化长为短（将一篇长文分成几段）等常见背诵技巧外，一线老师比较注意结合中考题型背范文。因为中考毕竟比高考简单，英语作文也毕竟比中文作文容易。考来考去无非那么几种题型。根据近几年各地的中考试卷看，英文作文题大体不出以下几种：

◇看图作文。

◇把若干句话整理成文。

◇仿作，模仿所给范文写一篇短文。

◇根据提示的词语写短文。

◇命题作文。

这里每一种情况，不妨背一篇范文作为模板。有些比较复杂的情况，不妨再细化一下，如改写，大致有以下 24 种情况：

◇人称的改变。

◇同义词换用。

◇单数变复数。

◇复数变单数。

◇改用将来时写。

◇改用进行时写。

◇改用过去时写。

◇改用过去完成时写。

◇改用现在完成时写。

◇直接引语变间接引语。

◇对话改为直接引语。

◇把间接引语改为直接引语。

◇主动语态变被动语态。

◇被动语态变主动语态。

◇肯定句变否定句。

◇用单词代替短语。

◇用单词代替短语或从句。

◇把后置定语改为前置定语。

◇用几个词取代一个词。

◇挑选一个词取代几个词。

◇简单句合并成复合句。

◇改用定语从句合并句子。

◇改用定语从句或状语从句。

◇自由缩写句子。

至于命题作文，也可细分为记人、记事等各种情况，每种情况背一篇范文。

背熟范文以后，还要多写。并将自己的作文与范文相对比，一比之下，才知道人家什么地方写得好，才明白自己的差距在什么地方。然后再一点点的努力，最终缩小并消除这种差距。

三、善于分析

只多写多背是不够的，还应善于分析。

首先是想一想学习的进度是否合适，学到的知识是否扎实，教材提出的学习要求达到了没有。前面我们已经提到过，由于学习进度是自己掌握的，不知不觉会加快学习进度。由于没有太多老师测验的压力，即使学得不深不透也还自以为学得不错。所以在整个学习过程中，尤其是在打基础阶段，要经常告诫自己"慢些，慢些，再慢些"，时时检查学到的知识是否扎实，如果不扎实则坚决打好基础。

其次是总结和归纳学习方法方面的经验和教训。和学任何别的知识一样，只有经常总结和归纳的人才能学得快学得好。每个人所处的环境不同，学习过程中不同阶段碰到的困难也不同，因此取得的经验和教训也不同，应该及时地进行归纳和总结。自己总结和归纳出来的经验和教训，适合自己的情况，用来指导自己学习，效果特别好，可以收到事半功倍的效果。进一步说，自己总结和归纳出来的经验和教训可能对别的人也有参考价值。孤立地去看，每一个具体的经验和教训都是很小的，不系统的，没有多大价值。但是积累多了，量变引起质变，可能会成为系统的、有价值的、有一定新意的一种方法。

最后是总结和归纳学到的英语知识，使之系统化，记忆深刻化。例如每学到一个单词或一些语法知识，要好好地想一想，过上一段时间还要很好地归纳整理一下。归纳和总结的一项主要内容是分析自己在听写过程中所出现的各种各样的差错。实践证明，通过分析自己的差错进行学习，效果特别好。例如有的内容听写不出来，有的听写错了，有的听懂了但写得不对等，就要分析原因并找到避免错误的方法。

日积月累，广泛阅读

英语的学习和语文一样需要积累，因此也要讲究循序渐进、零存整取。

英语知识比较零碎，很容易遗忘。同学们也许有这个体会：如果隔两三天不去看英语，再做习题就不那么熟练了。正确学习英语的方法是：天天而为之。每天为一周期：记忆单词、做单项选择、完形填空或阅读理解，复习一下语法。日积月累，循序渐进，效果就明显了。

下面就以一天为周期谈谈应该如何学习英语。

众所周知，单词是组成英语学科体系这座大厦的一砖一瓦。阅读、翻译、作文都离不开单词，所以必须有意识地扩大词汇量。记单词没有必要搞突击，每天保证掌握四五个，隔两天再把以前背的温习一下，这样日积月累，就是一个不小的数目。

仅仅会背单词还是不够的，最终使用的是单词的组合体——篇章。词的组合必须遵循一定的语法规则。语法的巩固需要每天做一些练习，主要是单项选择题，每天做十几道题，时间长了，就可以把大多数语法现象巩固一遍。当然，重要的不在于题目做了多少，而在于真正掌握了多少。英语试题除单项选择题之外，还有完形填空、阅读理解等。这方面的能力更不是十天半个月就能提高的，必须每天花一点时间做一篇完形填空或两篇阅读理解，做完之后与答案对照一下，把做错的小题仔细琢磨琢磨，看看究竟是什么原因导致错误的，是语法概念不清、单词意义不明，还是其他什么原因。这样，才能不断提高阅读能力和逻辑思维能力，最终占领这两个制高点。

阅读理解题是英语考试中必考题型。阅读理解能力的高低往往是检查你英语学习水平的高低的重要标志。

要想提高阅读水平，除了学习课本外，必须在课外有意识地扩大阅读量，提高阅读速度，掌握阅读技巧。养成课余阅读英文读物的习惯。刚开始时，由于词汇量的限制，你可以阅读一些较浅显的文章，尽量读那些没有生词的简易读物。随着词汇量的扩大，你的胃口也会越来越大。要多读原汁原味的文章，这样不仅开阔了眼界，还学到了不少知识。一段时间下来，你的词汇量会丰富不少，理解能力也有长足的进步。

丰富的文化背景知识有助于对语篇的深层理解与把握，文化的融入及语言能力的培养应通过多种方式进行。在接触社会的过程中，要学会关心身边事，能看懂广告，体验生活，以便了解英语国家的文化习俗和世界科技的发展，来提高自己的综合素质。

另外，一定要尽量多接触多种体裁的文章，比如英语报刊、杂志、小说等。从中体会到不同体裁语篇的本质特征和主要特点，从各方面培养逻辑思维、分析问题和解决问题的能力、判断和综合能力。积极参加学校或学生自行组织开展的课外阅读活动。

一定要记住：熟知语篇结构，了解作者的意图是语篇内容、文体风格和语言特色的中枢。

适合中学生的英语读物大致可以分为三大类：

第一类是报刊类，如早期的《中学生英语》，以及《英语周报》、《21世纪报》初中版。报刊英语的特点是具有很强的时代性、实用性，内容丰富多彩，学生能通过报刊了解语言变化的日新月异，了解当今世界政治、经济、文化等各方面动态，还有相应的配套练习。第二类是小说杂志类，有《学英语》、《英语通》、中英文对照的《英语世界》、《英语沙龙》，牛津大学出版社出版的"书虫系列"，有《呼啸山庄》、《雾都孤儿》、《傲慢与偏见》等，这类读物的特点是故事性强且题材广泛，如《英语沙龙》有诗歌、剧本等。第三类是有声读物。这类有声读物趣味性强，有利于激发我们学习英语的兴趣。

有的同学还会经常碰到这样的问题：文章本身对我来讲没有生词，但做阅读理解题时经常会出现偏差。当然这种情况更多地是涉及到阅读理解的考试。说明你在阅读过程中遇到了理解上的障碍，因此在阅读理解中掌握一些答题技巧也是十分重要的。

1. 事实询问题

此类题型的问题以 what，who，which，when，where，how 或 why 等词引导，就文中某句、某段或某一具体细节进行提问并要求考生回答。

做好这类题的要领是：（1）明确题意，顺藤摸瓜。（2）按照要求，寻找答案来源。（3）找准关键词，明白其暗示作用。（4）多读几遍文章，正确使用排除法。

2. 推理判断题

既要求学生透过文章表面文字信息推测文章隐含的意思，又要求学生对作者的态度、意图及文章细节的发展作出正确的推理判断，力求从作者的角度去考虑，不要固守自己的看法或观点。这类试题常以如下句式发问：

What can you conclude from this passage?

What's the author's attitude towards...

We can infer from the passage that...

Which statement is（not）true?

这就要求考生首先在阅读时，要抓住文章的主题和细节，分析文章结构，根据上下文内在联系，挖掘文章的深层含义。

其次，对于暗含在文章中的人物的行为动机、事件中的因果关系及作者未言明的倾向、意图、态度、观点等要进行合乎逻辑的判断、推理、分析，进一步增强理解能力，抓住材料实质性的东西。

3. 数据推算题

此题要求学生就文章提供的数据，以及数据与文中其他信息的关系做简单计算和推断。在做此类题时：

（1）要抓住并正确理解与数据有关的信息含义。

（2）弄清众多信息中哪些属于有用的信息，哪些属于干扰的信息。

（3）不要孤立看待数字信息，而要抓住一些关键用语的意义。

4. 识图解意题

此类插图题型是通过图解、地图或插图的形式，形象化地表现信息，用以降低试题的难度，是短文和题目不可缺少的组成部分。在做此类题时，要求学生一定要：

（1）把文章与图示结合起来，图文互相参照、互相验证。

（2）若是地图，则要做到方位明确。

（3）要正确理解文中方位介词及有关信息词的重要意义。

5. 主旨大意题

此类题型用以考查学生对文章主题或中心思想的领会和理解能力。一类题型为主题问题。如：

What is the main idea of this passage?

What does the passage mainly talk about?

What does the writer want to tell us?

另一类为标题问题。

Which is the best title of this article?

寻找主题句往往是做好此类题的关键。因此，在做题时，要注意每段的主题句（往往为第一句）。英文叫"Topic Sentence"，它一般都用来表示一个段落的主旨大意，抓住主题句，就不难确定文章的最佳标题。

6. 经验常识题

此类题主要是考查中学生应有的多项综合知识，包括：社会知识、天文知识、史地知识、科普知识及对生活常识的主观掌握程度。此类题往往与文章没有直接关系，学生只能凭自己的常识进行判断，然后做出正确、符合这些规律的选择。

教你几招英语学习法

一、英语语法学习法

掌握语法是学习英语的重要手段，它包括词法和句法。初中英语词法包括词类和词的变化。句法包括句子结构、语序及句子种类等。初中英语教材中有计划地安排了基础语法项目，通过句型、讲语法和有意识地反复练习，熟练掌握几十种句型的用法是可能的。

1. 语感

英国人说英语（或法国人说法语、俄罗斯人说俄语，或希腊人说希腊语）时，能十分正确而不自觉地运用句子结构、动词时态、一致关系等。倘若你问他，为什么他宁愿用这种特定形式而不用别的形式，他可能讲不出所以然来。他只知道他所说的"听起来挺不错"，这是因为他通过经常不断地听到这种形式和持久不息地实践运用，耳濡目染，他就获得了一种"语感"。在初学阶段，在很大程度上句型操练应代替英语语法的讲授。

2. 课前预习法

在学习新知识之前，认真阅读发现疑点、难点，提出问题并联系旧知识，借助工具书，自己解决问题，从简到繁，循序渐进，并设置几个问题，明确发现的目标，推测各种答案。培养发现问题，解决问题的能力和求异思维，提高独立性，减少对教师的依赖性。

遇到一词多义的单词，立即查字典，弄清这些单词的读音、词性和含义，切忌模棱两可，例如 "Will the swimming pool be open today? Shall I open the door?" 前一个 open 词性是形容词，后一个 open 词性是动词，前者强调状态，后者是动作。有些难度较大的问题等待老师第二天解决，把它们当做听课重点内容解决，所以预习这一环节是不容忽视的。

3. 句型学语法

一位教授曾在一次同大学生谈学习的报告中说过，他最反对背书，但紧接着他又补充说，外语例外。可见外语同别的学科在这一点上是有所不同的。课文体现了语音、词汇和语法。有些重要的段落必须背诵下来，反复多次，达到熟练程度，有些思想内容的文章及某些段落不仅可以陶冶情操，它感人的内容、优美的词句、铿锵的节奏能留给我们深刻的印象。总之，课文背熟了，对一些词的固定搭配了如指掌，可以少出语法错误，其中一些优美的句子可以随时引用或模仿。

4. 归纳概括法

归纳概括是使我们所学的内容在大脑中扎根的学习过程，学习要不断地去巩固、再现，刚记的时候，遗忘得很快，以后遗忘就能缓慢下来。因此，在学习一课或几课后，对学过的知识有些淡忘，为了便于记忆，需要把这一段的材料加以系统整理，把松散的内容集中起来，找出规律性的东西，提高学习效果。例如：有时候在名词前加定冠词the，有时又不能加。如果一个词一个词地记，就会很困难，我们可以进行归纳概括，总结出哪些情况下必须加定冠词的几条原则，记住几条原则就容易多了，然后记住少数例外的情况就行。

5. 条式卡记忆复习英语习语、词组、惯用法

在英语学习中，我们要记忆大量的习语、词组、惯用法等。这些犹如建房的"预制件"，一旦有，在建房时安上就可。所以平常可将一些习语、词组、惯用法写在小纸条或小卡片上，随身携带。一旦有一点空闲，如等车、排队就可以将纸条或小卡片拿出来，记上几条，这样点滴之水可能汇成大海。学习成绩好，知识面广的学生很多都长期采用过这种方法。

二、英语学习五官并用法

在学习和记忆过程中，运用各种感觉器官，使学习材料、信息通过听、读、看、写等多种感官通道，比单用哪一种感官的效果都要好。一般来说，人们所接受的信息主要来自视觉和听觉。在一项实验中，让被测试者试识记 10 张图片，结果单靠视觉记忆的效果为 70％，单靠听觉记忆的效果为 60％，而将视觉和听觉结合的记忆效果为 86.3％。也就是说，在一般人身上，通过视觉去记忆学习材料效果最好，因为在学习中，视觉参与的最多，起的作用也最大。其次是听觉记忆的效果也较好。此外还有通过运动觉、嗅觉、味觉等进行的记忆。有些人，通过单一感觉渠道记忆的效果极佳，比如，有人能"过目不忘"，一些作家、画家的视觉记忆高度发达，在写作和绘画中能够重现许多以往只是粗略地看过的事物；音乐家的听觉记忆高度发展，一篇音乐作品，他们只要听过一遍，就能将乐谱精确地再现出来；一些舞蹈家、运动员发现的运动觉记忆是高度发达的。但心理学的研究发现，大多数人是混合型记忆的。心理学家对一千多名 10 岁到 20 岁的青少年进行研究的结果发现，属于单纯视觉类型的为 2％，单纯听觉型的为 1％，单纯运动觉型的为 3％；16％属于视觉—听觉类型；33％属于视觉—运动觉类型；9％属于听觉—运动觉类型；36％属于无差别类型，即混合型。我国心理学家卢仲衡研究发现："事实上，纯粹类型的人很少，多数人，在记忆文字材料时，视觉类型占着主要的地位。但是大多数人是混合型的。"

可见，仅仅靠视觉去记忆，或其他单一渠道记忆并不可取。我们在学习和记忆中应该做到：

1. 多种感官协同活动

美国的一个资料报告识记的保持率是视觉 83％，听觉 11％，嗅觉 3.5％，触觉 1.5％，味觉 1％。可见，使用视、听、运动等多种感官协同活动可以提高保持率，达到最佳记忆效果。因此，无论我们学习和记忆什么学科的知识，都应力争动用多种感官去帮助记忆。比如，上课时，我们用听觉去听老师的讲解的同时，我们用视觉去看老师的表情动作和板书演示，运用运动觉去记笔记、朗读课文或回答问题等。这样，在学习时，把各种通道充分地利用起来，就会使大脑皮层的相应部分建立多渠道的联系，留下很多"同一意义"的痕迹，从而使记忆得到加强。我国最早的教育专著《学记》中写到："学无当于五官，五官不得不治"，也是强调在学习时，使五种感官都参与进来。许多学者强调：学习时应该做到"五到"，即心到、眼到、耳到、口到和手到，这是很有科学道理的。

2. 多朗读

为了避免学习、记忆时只是默不做声地看，我们提倡大声朗读。当我们出声朗读的时候，不仅要眼睛看、口里读，而且要心里想、耳朵听，几种感觉器官同时开动起来，增强了刺激，加深了痕迹，记忆效率自然提高。日本心理学家高木重朗就强调指出："一般来说，朗读比较好记。尤其是在头脑不清醒的时候，更应该清楚地读出声来。这是因为朗读会给大脑以刺激，思想容易集中于一点，整个身心好像进入了'临战'状态。"因此，我们在学习各种知识时，在不影响别人的情况下应该尽可能地出声朗读几遍，特别是对于语文和外语的学习，朗读的作用尤其重要。

三、主题大意获取法

阅读的首要目的是获取信息，准确地获取阅读材料中的信息的前提是抓住其主旨大意，阅读能力测试中针对 subject（主题）、main idea（主题思想）、title（题目）或 purpose（目的）拟的题目，无不与主旨大意有关。获取主旨大意，关键是在把握全文的基础上找出文章的主题句（Topic Sentence）。主题句一般具有概括性强、结构简练、位置明显等特点，文中的其他句子必是用以解释、支撑或丰富主题句所表达的思想。主题句在文中所处位置往往有 5 种：

1. 主题句位于字里行间

这类文章中没有明显的句子来担当主题句，读者要在了解文章的细节，领会作者意图和所要表达的含蓄意义的基础上，进行判断、推理、归纳、提炼、概括出不同细节所集中讨论的要点，从而得出文章的主要思想。

Joshua Bingham studied for four years at the University of Paris and decided to leave before his graduation. He transferred to the University of Berlin and graduated with honours. Harvard Law School and, later, Boston College provided him with an excellent legal background. He is presently a corporation lawyer in Miami, Florida.

2. 主题句位于文首

Africa—The fight against starvation in six West African nations is being hampered by the rainy season. Heavy rains are turning the dirt roads into muddy rivers. Relief will have to wait for a dry spell which seems nowhere in sight. The Weather Bureau is maintaining silence for fear of causing increasing alarm.

3. 主题句位于文末

If the wind becomes gusty after a period of calm, you should seek shelter. The sky needs careful watching, too. Gradual darkening and "boiling" clouds should quicken your pace. Lightning and thunder are common enough storm indicators, but few people realize that the brightness of the lightning is not nearly as important as the number of lightning flashes. The signs of an oncoming storm are many, and a person's life may depend on his ability to interpret them.

4. 主题句位于文中

Despite the fact that cars from Germany and Japan are flooding the American market，Ford，General Motors and Chrysler are hiring more workers than ever before. The flood of cheaper foreign cars has not cost American auto workers their jobs as some experts predicted. Ford operates as far as Asia，and General Motors is considered Australian biggest employer. Yet GM has its huge American work force and hires hundreds of people every day to meet the needs of the society.

5. 主题句位于首尾

It was very difficult to build and rebuild such a great wall over wild and distant country without any modern machines. All the work had to be done by hand. Many people were forced to work on the wall far away from their homes. They lifted earth in baskets，passed bricks from hand to hand and dragged heavy stones with ropes over their shoulders，their living conditions were terrible. Thousands of men died and were buried under the wall they built. The Great Wall was made not only of stone and earth，but of the flesh and blood of millions of men.

第四章　理化生——巧练善悟

理化生的学习在初中是非常重要的，它为将来高中的学习打好坚实的基础。我们必须尽早养成理科学习的好习惯，发现理科学习的规律，举一反三、触类旁通。相对文科来说，理科更注重动手操作能力，巧练多思善想。当然每个学科又有它独有的特点，本章我们将按照物理、化学、生物的顺序介绍它们不同的学习方法。

趣味物理，多思乐学

物理是研究物质结构、物质相互作用和运动规律的自然科学。经典物理学分为力学、电学、光学、热学、原子物理五部分。物理学还有量子物理等学科。

物理是一门逻辑性非常强的学科。物理可以说是初中各科中最难学的一科，原因有二：一是物理与数学是分不开的，再怎么说，最终也得落实到计算上，而不少同学数学不好，自然也觉得物理难学；二是物理中有不少叙述是抽象的，是需要一点想象力的，这也使部分同学备感困难。初中有不少同学硬是把物理学成了"雾里"，弄不明白，甚至干脆不学了。针对物理学科这一特点，同学们应该在学习中注意理解，开拓思路，变抽象为具体，从而逐渐培养自己的物理感觉。

一、物理概念的学习

物理概念比较抽象，常常难以理解和记忆。所以有必要将抽象的物理概念作形象处理，充分暴露概念的形成过程，甚至参与到概念的形成、归纳、定义的过程中，这无疑对培养自己的观察、抽象、概括能力大有裨益。例如在学《声学》一章的内容时，声音的存在、声音的高低、声音的大小、声音的品质等都是与声音紧密联系在一起的，辅之以必要的演示，由此得出声源、音调、响度、音色等概念。将抽象概念形象化，有利于对概念的理解。

当学习的物理概念增多时，就很容易记错、记混。因此，适当地对概念进行分类，可以使所学的内容化繁为简，重点突出，脉络分明，便于自己进行分析、比较、综合、概括；可以不断地把分散的概念系统化，不断地把新概念纳入旧概念的系统中，逐步在头脑中建立一个清晰的概念系统，使自己在学习的过程中少走弯路。通过这种方法，不但能够加深对基础知识的理解，而且还能收到事半功倍的效果。

一个物理概念，是某类型物理现象的概括，是物理知识的核心内容之一。学习物理概念应该注意：

（1）归纳概括

就是将物理概念进行分类比较，将同一类型的物理现象的共性找出来，概括并能说明这一类型的物理现象的本质特征。例如："质量"概念，各个物体的物质组成不同，但"物体所含物质的多少"就是物体的共性，即质量，与物体的形状、所处的状态、地理位置和温度无关。

（2）实例联系

抽象概念的理解是困难的，如果把"概念"放在实例中去记忆，去理解，就要简单得多，也就容易区分相关因素和无关因素，找出共同特征。例如："蒸发"概念，对应水在任何温度下都能蒸发，且需吸热，就能够很快地对"蒸发"概念理解透彻。

（3）内涵与外延

不能将物理概念任意外推，如果这样就会导致概念与事实不相容的矛盾。例如："惯性"这个概念，它说明一切物体都具有保持其原来的运动状态的性质，物体运动静止，不是因为物体是否受力，而是物体具有"惯性"。受力与否，是决定物体运动状态变化与否的必要条件。两千多年来，古希腊科学家亚里士多德错误地认为"力是维持物体运动的原因"，他之所以错误，就是没有概括出物体运动的本质特征。

二、注意观察和实验

1. 多观察

观察是学习物理获得感性认识的源泉，也是学习物理的重要手段。初中阶段主要是观察物理现象和过程，观察实验仪器和装置及操作过程，观察物理图表、教师板书等。

（1）观察要有主次

在观察前我们要弄清观察的目的、任务和要求，要明确观察什么和怎样观察。如在观察水的沸腾时，我们应围绕下列问题进行观察：沸腾前气泡发生的位置，气泡大小、多少，温度计的读数怎样变化？沸腾时观察气泡的变化，温度计的读数是否有变化？停止沸腾时，温度是否变化？

（2）观察要有步骤

复杂的物理现象，应在老师指导下按照一定的步骤，一步步仔细地观察。如在"研究液体的压强"实验中，可按以下步骤进行：

①首先要观察所使用的压强计，用手指挤压压强计金属盒上的橡皮膜，观察金属盒上的橡皮膜受到压强时，U形管两边液面出现的高度差，压强越大，液面的高度差也越大。

②接着将水倒入烧杯中，将压强计的金属盒放入水中，观察 U 形管两边液面是否出现高度差，根据观察判断水的内部是否存在压强。

③改变橡皮膜所对的方向，再观察 U 形管两边的液面，根据观察判断水是否向各个方向都有压强，其大小有什么关系。

④保持金属盒所在的深度不变，使橡皮膜朝上、朝下、朝各个侧面，比较同一深度，水向各个方向的压强有什么关系。

⑤将金属盒放入不同深度，水的压强随深度增加怎样改变。

⑥观察在同一深度清水的压强和盐水的压强是否相同。

2. 勤实验

物理学习最忌讳不重视实验，甚至不做实验，只凭主观臆断。这往往会"失之毫厘，谬以千里"。作为实验性很强的学科，"大概""差不多""估计"等词语是不应该出现在物理中的。自己亲手所做的实验往往印象比较深。

对于物理来说，做实验题不能只重视结果，分析解法、巩固基础知识才是最重要的。把基本实验思路、方法及常见的错误搞清楚，实验题也就简单了。

重视基本的实验技能，更要学会科学的实验方法。平时做实验不应该只是"照方抓药"，还要思考为什么要这样做、还可以怎样做等问题。对所做的实验，除了明确每个步骤的目的、要求和作用，还要考虑装置可否重新组装、步骤可否重新安排、仪器适当调换后是否同样能做或还能做哪些其他实验。要做好综合实验题必须从基础抓起，巩固基础知识和基本技能。

三、精练多思勤应用

1. 多做习题，做精习题

练习是掌握知识、巩固知识的重要途径之一。练习包括课堂练习、作业练习、实验操作练习、单元练习及综合练习等，我们在做练习时应注意处理好以下几点：

（1）遵循由易到难循序渐进的原则。有计划有目的地进行不同程度、不同方式的适量练习。既要有知识覆盖面，又要有适当的知识梯度。

（2）进行科学的思维活动。不断探索解题方法、思路和技巧，以便举一反三、触类旁通。认真审题，抓住关键的词句和物理过程仔细分析，不断提高解题能力和思维效率。

（3）在复习的基础上独立完成作业。这是培养自己的思维能力和灵活运用知识解决实际问题能力的重要环节。作业不一定追求过多，而在于精。要敢于创新，一题多解。做作业一定要坚持严格要求，力求做到规范化，字迹不潦草。如经过独立思考仍不能完成的作业，可以请教老师或和同学共同研讨。但经别人指点的作业题，仍然要经过自己的消化，真正理解后才能算完成。要经常总结、交流这方面的经验。

（4）巩固知识的练习不光是指要认真完成课内习题，还要完成一定量的课外练习。我们决不主张"题海战术"，应该有选择地做一些有代表性的类型题，基础好的同学可以做一些能提高综合应用能力、加强解题技巧的提高题。

2. 多思多疑找规律

孔子说过："学贵有疑，小疑则小进，大疑则大进。"疑是学习的开端、思维的动力。在物理学习中，应根据我们自己的实际水平，结合教材中的问题，进行巧妙的设疑，动脑积极思考，多质疑，多解疑，才能真正弄清物理概念、规律的内涵和外延，并提高表述能力。

物理学习中最重要的就是多思，不能只顾做题，而忽视了做题后的反思。下面给你支几招：

（1）总结归纳法

学习物理，要善于归纳总结。物理学习最忌讳的就是对所学的知识模糊不清，各知识点混淆在一起。为了避免这种情况的发生，同学们要学会写一个"知识结构小结"，可以包括：全章几个部分？分别讲了些什么？各部分之间的关系如何？哪些是重点？这一章学了哪些物理现象、概念、规律、公式？这些规律是如何得来的？各概念的物理意义是什么？它们与规律之间有什么关系？……知识小结应当提纲挈领、层次分明、内容准确。小结的形式可以多样化，文字式、图式、表格式、树形结构等均是可以采用的。

（2）类比推理法

类比是由一种物理现象，想象到另一种物理现象，并对两种物理现象进行比较，由已知物理现象的规律去推出另一种物理现象的规律。例如：结合密度、比热容、电阻、速度、热值、机械效率等概念的共同点一并学习，能够达到举一反三、触类旁通的效果。

类比不但可以在物理知识系统内部进行，还可以将许多物理知识与其他知识如数学知识、化学知识、哲学知识、生活常识等进行类比，常能起到点化疑难、开拓思路的作用。

（3）"两头堵"的分析方法

物理知识的特点是由简到难，逐步深入。随着学习层次的提高，许多同学越来越感到物理题不好做。这主要是思考方法不对头的缘故。当拿到一道题后，一般有两个思路：一是从结论入手，看结论想已知，逐步向已知靠拢；二是要"发展"已知，从已知想可知，逐步推向未知。当两个思路"接通"时，便得到解题的通路。这种分析问题的方法，就是我们平时常说的"两头堵"的方法。

（4）反向思考结论法

对教材上的各种结论，还要善于反向思考。如"一切物体在没有受到外力作用的时候，总保持匀速直线运动状态或静止状态"。而保持匀速直线运动状态或静止状态的物体是不是都没有受到外力的作用呢？通过反向思考，有助于弄清结论成立的前提，并能提高分析问题、解决问题的能力。物理知识本身有许多相似的地方，但又有区别。如某些现象相似，但实质不一样；某些物理量的测量方法相似，但所用的器材不同，等等。如果遇到什么学什么，头脑中就会觉得很乱，容易导致应用时混淆不清。这就需要我们积极思考，运用分析、比较的方法，找出异同点，掌握知识的本质。例如，蒸发和沸腾的异同点就可列表比较。电动机和发电机、电压表和电流表的使用方法有什么相同点和不同点，质量和重力、压力和重力有什么区别和联系，这些都可以列表进行比较。通过比较，加深对物理概念和规律的理解，同时可培养我们的科学思维能力。

3. 学会应用

学习物理要联系生活实际，多用物理知识来解释现实生活中的很多现象，这样更能加深我们对知识的理解。如：为什么"开水不响，响水不开"？为什么车胎打气要比不打气省力？太阳为什么会出现颜色像彩虹的光环？……下面列举几个生活中的物理现象及解释：

（1）挂在墙壁上的石英钟，当电池的电能耗尽而停止走动时，其秒针往往停在刻度盘上"9"的位置。这是由于秒针在"9"的位置处受到重力矩的阻碍作用最大。

（2）有时，自来水管在邻近的水龙头放水时，偶尔发生阵阵的响声。这是由于水从水龙头冲出时引起水管共振的缘故。

（3）对着电视画面拍照，应关闭照相机的闪光灯和室内照明灯，这样照出的照片画面更清晰。因为闪光灯和照明灯在电视屏上的反射光会干扰电视画面的透射光。

（4）冰冻的猪肉在水中比在同温度的空气中解冻得快。烧烫的铁钉放入水中比在同温度的空气中冷却得快。装有滚烫的开水的杯子浸入水中比在同温度的空气中冷却得快。这些现象都表明：水的热传递性比空气好。

（5）锅内盛有冷水时，锅底外表面附着的水滴在火焰上较长时间才能被烧干，且直到烧干也不沸腾，这是由于水滴、锅和锅内的水三者保持热传导，温度大致相同，只要锅内的水未沸腾，水滴也不会沸腾，水滴在火焰上靠蒸发而渐渐地被烧干。

（6）走样的镜子，人距镜越远越走样。因为镜里的像是由镜后镀银面的反射形成的，镀银面不平或玻璃厚薄不均匀都会产生走样。走样的镜子，人距镜越远，由光放大原理，镀银面的反射光到达的位置偏离正常位置就越大，镜的像越走样。

（7）天然气炉的喷气嘴侧面有几个与外界相通的小孔，但天然气不会从侧面小孔喷出，只从喷口喷出，这是由于喷嘴处天然气的气流速度大，根据流体力学原理，流速大，压强小，气流表面压强小于侧面孔外的大气压强，所以天然气不会从喷管侧面的小孔喷出。

（8）将气球吹大后，用手捏住吹口，然后突然放手，气球内气流喷出，气球因反冲而运动。可以看见气球运动的路线曲折多变。这有两个原因：一是吹大的气球各处厚薄不均匀，张力不均匀，使气球放气时各处收缩不均匀而摆动，从而运动方向不断变化；二是气球在收缩过程中形状不断变化，因而在运动过程中气球表面处的气流速度也在不断变化，根据流体力学原理，流速大，压强小，所以气球表面处受空气的压力也在不断变化，气球因此而摆动，从而运动方向就不断变化。

（9）吊扇在正常转动时，悬挂点受的拉力比未转动时要小，转速越大，拉力减小越多，这是因为吊扇转动时空气对吊扇叶片有向上的反作用力。转速越大，此反作用力越大。

（10）电炉"燃烧"是电能转化为内能，不需要氧气，氧气只能使电炉丝氧化而缩短其使用寿命。

奇幻化学，察"颜"观"色"

化学课程是九年级开设的，化学是研究物质的组成、结构、性质以及变化规律的科学，是一门以实验为基础的学科。在宏观、微观和符号之间建立联系是化学的学科特点。中学化学教材的基本内容可划分为：基本概念（含化学用语）、基础理论、元素及其化合物（含有机物）知识、化学计算、化学实验。学好化学要重视化学用语、重视观察实验、重视练习和分析，还要找到正确的记忆方法。

一、重视化学用语

化学用语是国际通用的化学"语言"，是我们学习化学的工具。

学习化学用语，既需要符号，又要理解它所表示的含义。学好化学用语必须注意下面几点：

1. 注意化学用语的规范

元素符号是最基本的化学用语，它是用来表示各种元素的特定符号。所以在书写时必须准确、规范。元素符号是用拉丁文的大写字母表示的，用双字母表示的元素符号的书写要注意"一大二小"的要求，就是第一个字母大写，第二个字母小写。如铜"Cu"、铁"Fe"、钙"Ca"等。

2. 掌握化学用语的分类

化学用语包括表示物质组成和结构的元素符号和化学式。化学式有：分子式、实验式、结构式、结构简式、原子或离子结构示意图、电子式等。表示物质变化规律的化学用语有：化学方程式、离子反应方程式、电离方程式以及用电子式表示物质的形成过程。这些化学用语，比自然语言简明得多，它还能把分子、原子的一些概念、意义、有关定律，以及质与量方面的知识都联系在上面。

3. 深刻理解化学用语的含义

学习化学用语要深入理解化学用语的内涵及外延。如 F⊕9 2 7，它的内在含义是＋9 表示原子核内有 9 个质子，核内带 9 个单位正电荷；两条弧线上数字表示核外第一层排 2 个电子，第二层排 7 个电子，它的外在含义表示氟原子最外层有 7 个电子，易获得 1 个电子达到稀有气体的稳定结构，因此氟元素是活泼的非金属元素，具有强氧化性等。

二、重视观察

俄国生物学家巴甫洛夫说："应当先学会观察，不学会观察，你就永远当不了科学家。"化学是一门以实验为基础的学科，通过对大量实物和化学实验现象的观察，可以获得丰富的感性知识，有助于理解和记忆所学的化学知识。下面介绍几种观察法。

1. 协同观察法

由于化学变化是复杂多样的，观察化学实验时，不仅要用眼看，还要用鼻闻、耳听，甚至用手摸（温度的变化）。也就是说，从第一个化学演示实验开始，就应该注意调动各种感觉器官，充分利用视觉、听觉、嗅觉和触觉等来直接获取色、态、形、声、气、温、燃烧、沉淀和气泡等现象及变化，再以科学的思维来探索事物的规律。例如，在做镁带的燃烧演示实验时，如果观察仔细、认真，应总结出下列现象：①"视"。银白色的镁带燃烧发出耀眼的强光，火星四溅，变成一种白色固态物质；②"听"。燃烧过程中发出哗哗声响；③"嗅"。无特殊气味；④"触"。燃烧后手触坩埚钳尖端可感觉到坩埚钳发热；手触白色固态物质发现该物质易成粉末状。然后，综合上述现象进行思考，就很容易得出结论：镁带燃烧时发生化学变化，生成了一种不同于镁的新物质——氧化镁。可见，这种多感官的协同观察，能更全面、透彻地了解实验，从而正确地掌握物质及其性质的特点。

2. 顺序观察法

一般来讲，应先观察仪器装置，再观察物质及其变化，最后观察生成物，即要详细观察实验从开始到结束的全过程。如观察仪器装置时，先观察整体，再找出中心部位或关键部位。观察物质时，先观察物质的状态、颜色、气味等。观察物质变化时，要注意观察反应过程中出现的各种现象和特征，如溶解、熔化、吸热、放热、发光、变色、燃烧、爆鸣、生成气体、生成沉淀等。观察某一具体的化学反应实验过程时，应按照反应的"前—中—后"的顺序进行，具体步骤是：①反应物的色、态、味；②反应条件；③反应过程中的各种现象；④生成物的色、态、味及简单的检验等。如氯酸钾分解制取氧气的实验中，应按下列次序进行观察：首先观察反应前的反应物 $KClO_3$ 和催化剂 MnO_2 的性状，装满水倒置的集气瓶，然后进行加热，这时主要集中观察反应物受热发红，产生白烟；接着观察集气瓶中水面下降，气泡逸出水面。沿着这条路线分段进行观察，层次清晰，然后进行理论汇总，这样就可以获得全面的感性认识。实践证明，掌握了规范的观察方法，合理的观察顺序后，就能缩短观察的时间，提高观察的效果。

3. 比较观察法

在观察事物时，有的现象从表面看来似乎相似，其本质并不相同；有的现象明显不同，其原理却一样。有意识地联系原来观察到的形式上或本质上相近的现象，将它们进行分析对比，找出这些现象所反映的事物的相似或相异之处，并归纳出某种规律或原则，定会收到事半功倍的教学效果。比如硫粉在氧气中燃烧的实验，可观察到的主要现象是：黄色的硫粉在点燃后，先熔化，再汽化，再燃烧并产生明亮的蓝紫色火焰。再联系铁丝在氧气中燃烧的实验的主要现象：光亮的细铁丝点燃后，无熔化、汽化过程，燃烧很剧烈，产生火花。比较二者的异同：①相同点，两者在燃烧前的形态相同，即均为固体。②不同点，硫燃烧产生火焰；铁丝在氧气中燃烧产生火花，即两者燃烧的特征不同。通过比较，就可以归纳出物质燃烧时的不同特征：可燃性气体、液体、受热时能够产生可燃性气体的固体，燃烧的特征是产生火焰；固体燃烧的特征是发光或产生火星、火花。

比较的目的是通过对比找出不同的特征或规律。如将观察到的二氧化碳的实验室制法与氢气的实验室制法进行比较，可找出它们相似的特征，并可得出"可用相同装置"的规律。

4. 特殊观察法

有些化学现象不够明显，或与其他一些现象相似，观察起来比较困难，应该根据情况适当处理后再进行观察。通常有下列几种措施：①用背衬方法观察。对于一些不明显的、特别是色度较弱的现象，可以在适当的背景陪衬下进行观察。如观察有色的气体或透明溶液，用白纸作背景。②利用对比方法观察。对于那些现象相近的、区分度较差的对象可以用对比的方法，找出它们细微的差异加以区别。如 CO_2 通入澄清的石灰水中，观察到的现象应是"石灰水变浑浊"而不是

"产生白色沉淀"。这里的"浑浊"与"沉淀"就需用此法将其区别开来。③采用显示方法观察。对于无法直接观察的现象，可以采取一定的措施，使其显现出来，进行观察。如用酚酞溶液显色可以判断 OH^- 的存在。④运用先进设备观察。对于某些微弱的不易察觉的现象，可用幻灯、录像等现代化的高科技手段，进行放大观察。如用幻灯对分子扩散运动现象的观察。

5. 全面观察法

在初步掌握基本的观察策略和方法后，应学会对现象进行全面的观察。尤其在单元复习和总复习中，更需要运用此法。例如在进行第六单元"碳和碳的氧化物"（人教版）单元复习时，观察按下图所示的程序所设计的一组实验（装置图略）。

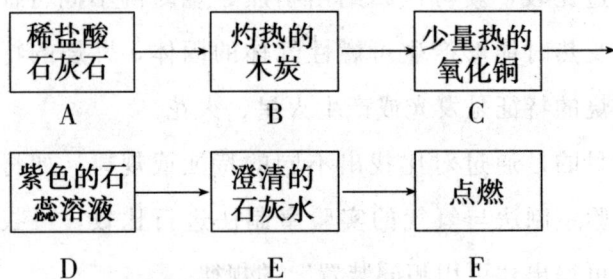

```
┌──────────┐    ┌──────────┐    ┌──────────┐
│ 稀盐酸    │ →  │ 灼热的    │ →  │ 少量热的  │ →
│ 石灰石    │    │ 木炭      │    │ 氧化铜    │
└──────────┘    └──────────┘    └──────────┘
      A               B               C

┌──────────┐    ┌──────────┐    ┌──────────┐
│ 紫色的石   │ →  │ 澄清的    │ →  │ 点燃      │
│ 蕊溶液    │    │ 石灰水    │    │           │
└──────────┘    └──────────┘    └──────────┘
      D               E               F
```

利用下面的问题，能够学习全面观察。

①这组实验中，你观察到 A→F 五处的主要现象是什么？分别写出上述五处所发生的化学反应方程式。

②在此组合实验中，你可以联想到 CO 有哪些化学性质？

③B 处需用酒精喷灯加热，而 C 处只需酒精灯加热，说明了什么问题？

由此可见，观察实验不但要全面，而且还要"观""思"结合，以"思"促"观"。观察和思考虽然属于认识过程的不同阶段，但它们之间有着紧密的联系。观察得越全面、细致，思考就能越深入、透彻；思考得越及时，观察就会越深刻。为观察而观察，只"观"不"思"，就会停在表面；只"思"忘"观"，岂不"喧宾夺主"；"观"而不"全"，只能是眉毛胡子一把抓，所能看到的现象也恰似"雾里看花，水中望月"。只有将全面的观察与积极的思考有机结合起来，才能透过现象抓住本质，既知其然，又知其所以然。

三、重视实验

化学的形成和发展，起源于实验又依赖于实验，是一门以实验为基础的自然科学。这也是教学大纲明确规定的，同学们必须要养成这种动手实验的能力。俗话说："百闻不如一见，百看不如一验。"亲自动手实验不仅能培养自己的动手能力，而且能加深我们对知识的认识、理解和巩固，成倍地提高学习效率。

例如，实验室制氧气的原理和操作步骤，动手实验比只凭看老师做和自己硬记要掌握得快且牢得多。因此，我们要在老师的安排下积极动手实验，努力达到各次实验的目的。

要上好实验课，课前必须进行预习，明确实验目的、实验原理和操作步骤。进行实验时，自己要亲自动手，不要只做旁观者，认真做好实验内容里所安排的每一个实验，在实验过程中要集中注意力，严格按实验要求操作，对基本操作要反复进行练习，对实验过程中出现的各种现象，要耐心细致地观察，认真思考，准确如实地记录。

近年来的中考考题均突出了对学生实验能力的考查，诸如实验操作、实验设计和评价、实验报告的书写等方面的内容的考查。中考实验题的比例逐年提高，难度也逐年上升。因此在平时的学习中要充分重视实验，争取多动手做实验。对于实验手册要求的学生亲自实验和课本上的演示实验，都要注意对实验目的、原理、操作、现象和结论的理解和掌握。在总复习阶段，可以对各种试卷中的实验题进行分类归纳，以领会近几年来中考实验题的考点和趋势。

除了做实验，最好利用课余时间，积极报名参加课外化学兴趣小组活动，做一些有趣的化学实验，并积极收集整理一些化学谜语，组织出化学墙报等。只要有利于提高化学的学习效率，不管是校内还是校外组织的活动，都可以参加。

四、多练多分析

做作业是练习的极好机会，是巩固知识的重要手段之一。我们一定要亲自动手做，决不能抄别人的作业。节后习题和章后复习题一定要认真完成，不能马虎。做作业要在复习好了的基础上开始动手做，才能事半功倍。一定要主动地、独立地完成每次作业，多思多问，不留疑点，并尽可能地把做过的作业都记在脑子里，因为没有记忆就没有牢固的知识，只有用心记忆才会熟能生巧，才能在勤练的基础上"巧"起来。

同时，注意归纳总结解题方法，指明哪一种类型题目用什么方法解答，哪一种解题方法又适合解哪一种类型的题。如初中化学中利用化学方法除去杂质的方法可归纳为：

（1）把杂质转变为沉淀除去；

（2）把杂质转变为气体除去；

（3）把杂质转变为水除去；

（4）把不溶性杂质转变为可溶性物质除去；

（5）把杂质转变为被提纯物除去。

这样，知识点就会易记、有序，解题有规律，思路也就自然的清晰了。

多练还要多分析，想"为什么"，想"怎么办"。把所学知识总结归纳。下面介绍一种学习法——口诀学习法，用这种方法归纳一些常见物质的性质，记忆更深刻。

限于篇幅，这里仅摘录几段口诀介绍如下：

（1）干燥气体：

酸干酸，碱干碱，氧化不能干还原，

中性干燥剂，使用较普遍，

只要不反应，干燥就能成。

（2）氧气中燃烧的特点：

氧中余烬能复燃，磷燃白色烟子漫，

铁燃火星四放射，硫蓝紫光真灿烂。

（3）常见元素化合价歌：

一价氢、锂、钠、钾、银，

二价氧、镁、钙、钡、锌，

铜、汞一、二，铁二、三，

碳、锡、铅在二、四寻，

硫为负二和四、六，

负三到五氮和磷，

卤素负一、一、三、五、七，

三价记住硼、铝、金。

说明：以上几句歌谣，概述了几种常见元素的化合价，包括固定价和可变价。

（4）盐的溶解性歌：

钾、钠、铵盐、硝酸盐；

氯化物除银、亚汞；

硫酸盐除钡和铅；

碳酸、磷酸盐，只溶钾、钠、铵。

说明：以上四句歌谣概括了 8 类盐在水中溶解与不溶的情况。

五、教你几招记忆法

1. 简化记忆法

化学需要记忆的内容多而复杂，同学们在处理时易东扯西拉，记不全面。克服它的有效方法是在理解的基础上，通过几个关键字或词组成一句话，或分几个要点，或列表来简化记忆。这是记忆化学实验的主要步骤的有效方法。如用七个字组成："一点、二通、三加热"一句话，概括氢气还原氧化铜的关键步骤及注意事项，大大简化了记忆量。在研究氧气化学性质时，可把所有现象综合起来分析、归纳得出如下记忆要点：（1）燃烧是否有火焰；（2）燃烧的产物是如何确定的——看到、嗅到或通过其他辅助实验；（3）所有燃烧实验均放热。抓住这几点就大大简化了记忆量。氧气、氢气的实验室制法，同学们第一次接触，新奇且陌生，不易掌握，可分如下几个步骤简化记忆：（1）原理：用什么药品制取该气体。（2）装置。（3）收集方法。（4）如何鉴别。如此记忆，既简单明了，又对以后学习其他气体制取有帮助。

2. 趣味记忆法

为了分散难点，提高兴趣，要采用趣味记忆方法来记忆有关的化学知识。如：氢气还原氧化铜实验操作的要诀："氢气早出晚归，酒精灯迟到早退。前者颠倒要爆炸，后者颠倒要氧化。"针对需要记忆的化学知识利用音韵编成，融知识性与趣味性于一体，读起来朗朗上口，易记易诵。如从细口瓶向试管中倾倒液体的操作歌诀："掌向标签三指握，两口相对视线落。""三指握"是指持试管时用拇指、食指、中指握紧试管；"视线落"是指倾倒液体时要观察试管内的液体量，以防倾倒过多。

3. 归类记忆

对所学知识进行系统分类，抓住特征。如：记各种酸的性质时，首先归类，记住酸的通性，加上常见的几种酸的特点，就知道酸的化学性质了。

4. 对比记忆

对新旧知识中具有相似性和对立性的知识进行比较，找出异同点。

5. 联想记忆

把性质相同、相近、相反的事物特征进行比较，记住它们之间的区别与联系，回忆时，只要想到一个，便可联想到其他。如记酸、碱、盐的溶解性规律，不要孤立地记忆，要扩大联想。

一些化学实验和概念可以用联想的方法记忆。在学习化学过程中应抓住问题特征，如记忆氢气、碳、一氧化碳还原氧化铜的实验过程可用实验联想，对比联想，再如将单质与化合物两个概念放在一起来记忆：由同（不同）种元素组成的纯净物叫做单质（化合物）。

6. 关键字词记忆

这是记忆概念的有效方法之一，在理解的基础上找出概念中几个关键字或词记忆整个概念，如能改变其他物质的化学反应速度（一变），而本身的质量和化学性质在化学反应前后都不变（二不变）的催化剂的内涵可用："一变二不变"几个关键字来记忆。

7. 形象记忆法

借助形象生动的比喻，把那些难记的概念形象化，用直观形象记忆。如核外电子的排布规律是："能量低的电子在离核较近的地方出现的机会多，能量高的电子在离核较远的地方出现的机会多。"这个问题是比较抽象的，不是一下子就可以理解的。如果我们把地球比作原子核，把能力高的大雁、老鹰等鸟比作能量高的电子，把能力低的麻雀、小燕子等鸟比作能量低的电子。能力高的鸟常在离地面较高的天空飞翔，能力低的鸟常在离地面很低的地方活动。这样就较好理解了。

8. 总结记忆

将化学中应记忆的基础知识总结出来，写在笔记本上，记忆目标明确、条理清楚便于复习。如将课本前五单元记忆内容概括出来：27种元素符号的写法、读法；按顺序记忆 1～10 号元素；地壳中几种元素的含量；元素符号表示的意义；原子结构示意图及离子结构示意图的画法；常见化学式及其表示的意义；前五单元化学方程式。

神秘生物，规律运用

生物学是研究生命现象和生命活动规律的科学。生物学是一门以观察、实验为基础的自然科学。它属于理科课程，因此同数理化一样，具有着严密的逻辑推理性、知识的内在联系性、规律性和系统性。同时生物学中名词概念较多，有些知识也比较零碎，又具有文科课程的一些特性，也就是需要记忆的知识点较多。学好生物需要按照一定的规律记忆相关知识，并运用相关规律。本节给大家介绍几种学习生物的方法。

一、科学识记法

生物学概念和一些原理需要记忆，脑子里的生物知识多了，再学习就会有扎实的基础。怎样才能记得多，记得牢呢？总的原则是要在理解的基础上记忆。理解是对知识内涵和规律的掌握，凡是理解了的东西，记忆后终生难忘。如对"基因突变"概念的记忆，理解了 DNA 分子中核苷酸的排列、组合和基因的结构功能，记忆起来就十分方便。其次要掌握一些记忆方法。

1. 图解法

根据课本文字内容编制图解，这样可以使知识条理化、提纲化、直观化、便于识记。

2. 表解法

例如：

	动脉	静脉	毛细血管
分布	深层、局部、浅层	浅层、深层、与动脉伴行	各组织
管壁结构	三层	三层	一层极薄
血流速度	快	慢	极慢
功能	心脏$\xrightarrow{血液}$全身	全身$\xrightarrow{血液}$心脏	血液$\xrightleftharpoons{物质}$细胞

3. 衍射法

对于重点章节，可抓住核心或主线，然后衍射出与之有关的知识，把本章知识串连起来，达到识记的效果。例如，以光合作用的公式为主线，能衍射出许多相关知识，便于联想、识记。

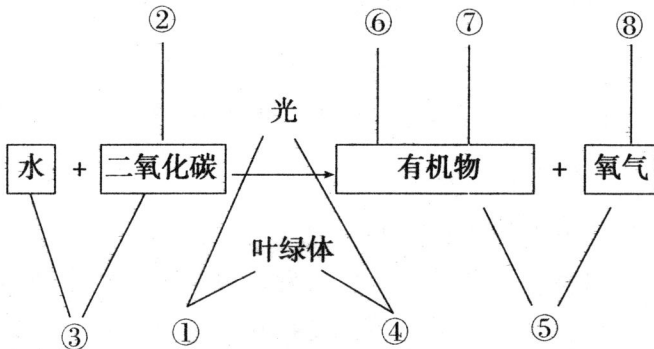

图中表示与光合作用相关的知识，其内容是：①叶的结构及其与光合作用相适应的特点；②气孔的结构与功能；③光合作用的原料及

其来源；④光合作用的条件（动力和场所）；⑤光合作用的产物；⑥、⑦、⑧光合作用的意义。

二、比较归类法

1. 比较法

这是一种把各种事物加以对比，以确定事物之间的相同点和不同点的思维方法。比较法一般遵循两条途径：一是寻找出事物之间的相同之处，即异中求同；二是找出事物之间的不同之处，即同中求异。

比较法从其比较的方式而言，通常采用两种方式：

（1）采用同时比较。如菜豆种子和玉米种子的比较；虫媒花和风媒花的比较；动脉血和静脉血特征的对比等等。通过比较，可以使我们对生物学的基本概念、原理有深刻的印象，有助于知识的理解和掌握。

（2）前后对比。例如，植物四个主要类群的特征的比较；脊椎动物"五纲"（鱼纲、两栖纲、爬行纲、鸟纲、哺乳纲）主要特征的前后对比等等。通过比较，不仅可以使我们温故而知新，而且可以为我们理解生物由简单到复杂、由低等到高等、由水生到陆生的进化历程和规律奠定必要的知识基础。

2. 归类法

这是一种按照一定的标准，把事物的本质特征抽象出来，以区别于具有另一本质特征事物的思维方法。

生物学通常采用两种归类方法：

（1）科学归类法，即从科学性出发，按照生物的本质特征进行归类。例如，把自然界分为非生物和生物两大类，把生态系统分为生物成员和非生物成员两部分；把生态系统中的生物成员分为生产者、消费者、分解者三部分；把各种生物纳入到门、纲、目、科、属、种等分类单位之中等等。这种归类法，因客观地反映了生物本质的特性，所以有助于我们通过学习，理解和掌握生物的本质特点。

（2）实用归类法，即从实用性出发，按生物的非本质属性进行归类。例如，把生物圈分成水域生态系统和陆地生态系统两大类；把陆地生态系统分为森林、草原、农田等生态系统。

三、归纳演绎法

1. 归纳法

这是从特殊到一般的思维方法，即根据大量已知的事实，作出一般性质结论的方法。例如，通过对各种细胞的研究，归纳出细胞具有细胞膜、细胞质、细胞核的结构；通过对各种种子结构的学习，归纳出种子具有胚和种皮；通过对各种哺乳动物的学习，归纳出哺乳动物的主要特征等。

2. 演绎法

这是从一般到特殊的思维方法，即从一般的原理出发，去认识特殊事物的方法。例如，细胞是生物体结构和功能的基本单位，这无疑是正确的，但也只限于具有细胞的生物而言，病毒、类病毒是生物，但并不具有细胞结构；胎生、哺乳等是哺乳动物的主要特征，而鸭嘴兽是哺乳纲动物，却是卵生的；双子叶植物种子一般无胚乳，而胡萝卜、蓖麻是双子叶植物，种子里却有胚乳；单子叶植物种子一般是有胚乳的，而泽泻、慈菇，它们的种子里却没有胚乳等等，这是演绎法的一种形式。

上述种种培养思维能力的方法，它们彼此是相互联系、相互依赖的，而不是孤立的、互不相干的。例如，抽象法和概括法便是在分析法和综合法的基础上进行的。

第五章　政史地——分析理解

学习思想（道德与法治）、历史、地理不能简单地靠死记硬背，它们各科都有各自的特点。需要我们根据各科的特点，有针对性，在记忆理解的基础上融会贯通，联系成一个整体，这样我们才能百战百胜。本章我们将按照思想（道德与法治）、历史、地理的顺序分别介绍它们不同的学习方法。

严谨道德与法治，比较分析

在初中时期开设思想（道德与法治）课程，是对学生系统地进行思想品德教育和马克思主义常识教育、社会科学常识教育观念意识的培养。初中该课程处在基础教育的核心阶段，所以需要我们树立正确的政治和思想观点。学习中正确认识和区分基本概念、原理的方法，是根据一定的标准以确定事物异同的思维过程，运用比较分析的方法尤为重要。

一、认真读课本

课本中囊括的基本观点的表达具有准确、精练、完整的特点。因此，学好此门课需要我们牢牢掌握课本。下面给大家介绍几种读课本的好方法：

1. 提问法

"学而不思则罔，思而不学则殆。"学与思相辅相成。学因思而成，思因学而高。提问法就是边阅读边思考边提问，带着问题的阅读并设法解答问题的阅读方法。

2. 提纲法

提纲法是指在阅读时抓住教材的主要内容，并在阅读后形成知识结构体系。

3. 标记法

标记法就是边读教材边在书上做各种标记、符号和批注的阅读方法。采用标记法要注意三点：第一，各种标记、符号要规范统一，且贯彻始终。第二，要在看懂教材，弄清了层次结构，经过思考之后，再作标记、符号或批注，万万不可一拿起书，似懂非懂时就乱画乱写一通。第三，批注要内容实在，富有启发性，简明扼要，条理清楚，字迹工整。

4. 标签法

现在思想（道德与法治）课考试为开卷。然而，因为题目分布广泛，内容繁杂，尽管是开卷，一些同学仍然拿不了高分。考试时手忙脚乱，许多时间都花在往返翻书上。为此可以利用"标签法"，效果很好。

上面介绍的各种方法最好穿插着用："提问法""提纲法"比较适合预习时用，而"标记法""标签法"比较适合复习时用。

二、做好课堂笔记

俗话说，好记性不如烂笔头，认真读课本，上课还要会做笔记。在听讲时做笔记要做到以下几点：

1. 处理好听与记的关系。记听课笔记时，由于我们处于一种较被动的地位，往往因"听"误了"记"，或因"记"误了"听"。为了处理好我们"听"与"记"的关系，一定要学会"三记三不记"，即：重点的问题记，疑难之点记，教材上没有的记；次要的不记，教材上有的不记，易懂的不记。这样由被动转为主动。

2. 听、想、记结合，以想为主。从上课到下课，埋头死记，一股脑儿充当录音机和记录器，课堂上没认真听，更无暇思考，无暇消化，笔记虽记得很多，但脑子里却是一片空白，势必影响听课效果。所以我们必须抓住理解这一关键，调整好记笔记的方法：详略得当有选择地记，结合理解灵活地记，抓紧时间迅速地记，不懂的问题特殊地记。

3. 定期整理笔记。应当在复习中定期对笔记加以补充整理。整理笔记的过程是个分析、归纳、综合逻辑思维的过程，不仅有利于知识的条理化、理论化，而且便于巩固记忆和培养自学能力。

三、比较分析法

学习思想（道德与法治）最重要的还是要学会比较分析。分析，是把事物的整体分解为若干部分或方面，把事物整体的个别特征或个别属性分解出来的过程。具体地讲，比较分析法就是通过对学习内容的相同点、不同点的对比，通过对客观事物的去粗取精、去伪存真、由此及彼、由表及里的改造制作，客观、全面、深刻地认识事物的方法。

运用这种方法，对客观事物既能看到它的正面，也能看到它的反面；既看到它的主体，也看到与它相联系的外部条件；既分析现象，也能透过现象看到它的本质；既能认识它的现状，也能比较准确地预见它的未来。比较分析法是此课程复习的重要思维程序。在复习时，一定要注意教材内在的逻辑联系，从整体上把握知识，体会教材内容的精神实质，并从其内在联系中加深理解和灵活运用有关理论知识。比较分析法在政治课学习中的应用主要体现在各类练习题的解答上，例如：比较题，分析判断题，理解题，说明题等。在练习中，训练基本功，培养运用理论分析说明实际问题的能力。它要求我们具有一定的分析能力，熟悉复习步骤，按照各类习题的解答方式，由简单到复杂、由易到难地进行。最好还要进行及时复习、小结复习、总结复习等交叉使用，形成立体复习网络。

四、教你几招记忆法

记忆的方法有很多种，这里简单介绍几种方法。

1. 谚语记忆法

谚语记忆法就是运用民间的谚语说明一个道理的记忆方法。这种记忆方法的好处如下。

（1）激发学习兴趣，促进学习的积极性，变厌学为爱学，变被动学习为主动学习。

（2）拓宽思路，提高思维的灵活性。

（3）能培养好的学习习惯，通过刻苦钻研，在学习中克服一个个难题。

采用这种记忆法应注意以下几点：

第一，谚语与原理联系要自然，千万不能生造谚语，勉强凑合。

第二，谚语说明的原理要注意准确性，千万不能乱搭配，不然就会谬误流传。

第三，谚语应是熟悉的，这样才能便于自己的记忆。

例如，"无风不起浪""城门失火，殃及池鱼"……说明事物之间是相互联系的，是唯物辩证法的联系观点。

如"山外青山楼外楼，前进路上无尽头""刻舟求剑"等这些都说明了事物都是处于不停的运动、发展之中的，运动是绝对的，静止是相对的，这是唯物辩证法发展的观点。

2. 自问自答法

自己当教师提问，自己又作为学生对所提问题进行回答的方法，称"自问自答法"。

在学习过程中，对一些最基本的问题就可以用"自问自答法"进行。例如：

问：商品的两个基本属性是什么？

答：是使用价值和价值。

问：货币的本质是什么？它的两个基本职能是什么？

答：货币的本质是一般等价物。价值尺度、流通手段是它的两个基本职能。

自问自答法不仅可以用于基本概念和基本原理的学习，对一些较复杂的知识的学习也可用此法，而且效果很好。

比较复杂的学习内容，通过自问自答，就会条理清晰，便于记忆和理解。所以，"自问自答法"是一种比较常用的理想的记忆方法。

3. 举一反三法

在学习过程中，对某个问题重复学习以达到记忆目的的方法称之为"举一反三法"。

"举一反三"的记忆方法并不是说对同一问题简单重复二至四次，而是指对同一类问题从不同的角度反复学习、练习、讨论，这样才能使我们较牢固地掌握知识，思维也较开阔，才能学得活、学得好、记得牢。

如对商品这一概念的理解，运用"举一反三法"，真正掌握了商品是劳动产品，但只有用于交换的劳动产品才是商品；商品的价值是凝结在商品中无差异的人类劳动，如1件衣服能和3斤大米交换，是因为它们的价值是相等的。千差万别的商品之所以能够交换，是因为它们都有价值，有价值的物品有使用价值……如此从多种角度反复进行，就能牢固地掌握商品的基本概念及与它相关的一些因素，使我们真正获得知识，吸取精华。

4. 理清层次法

要善于把所学习的基本概念和原理进行分析，找出每一个层次的主要意思，这样就便于我们熟记了。

例如，我们学习"法律"这一基本概念，用"理清层次法"就较为科学。这个概念我们可以分解成这么几个部分：

（1）它是反映统治阶级的意志，维护统治阶级的根本利益的；

（2）由国家制定或认可的（没有这一点，就不能称为法律）；

（3）用国家强制力的特殊的行为规则（国家通过法庭、监狱、军队来保证执行）。

采用理清层次的方法，不仅便于熟记这一概念，而且不易忘记。

5. 规律记忆法

这种学习方法就是在学习中注意找到事物的规律，以帮助牢记。在基本原理的熟记中，这种学习方法可谓是最佳方法。

例如根据对立统一规律就能熟记：内因和外因、主要矛盾和次要矛盾、矛盾的主要方面和次要方面、矛盾的特殊性和普遍性、量变和质变、新事物和旧事物等都会在一定的条件下互相转化。

"规律记忆法"能以最少的时间熟记最多的知识。

在思想（道德与法治）课的学习中，如果能把上面介绍的5种学习方法融会贯通，交替使用，对提高学习效率是有积极意义的。

纵横历史，穿"针"引"线"

历史的发展顺序是用时间表示的，历史的学习也与时间息息相关。时间，是构成历史事件的重要环节之一，利用时间、国别等线索来穿"针"引"线"、构框架、多联想、多巩固是学习历史的重要方法。

一、穿"针"引"线"构框架

学历史要扎实、牢固、脉络清晰。上下五千年都由一根时间的连线串起，切勿东一个人物西一个事件地无规律记忆。因为那样，虽然把所学的事件都记住了，但这些事件如一盘散沙，缺少战斗力。

历史发展的基本线索就是历史发展的内在联系，即代表前一个历史事件是后一个历史事件出现的原因，后一个历史事件是前一个历史事件发展的结果。课本目录本身就是基本线索，同学们只要注意课本中的章节，便有助于加深对历史事件的理解和记忆。

要了解历史的过去性和时序性的特点。历史是指发生在一定时间和空间的事件，它们都不能通过实验来重现。因此，学习历史者要发挥想象力，要身入其境。历史学习还要求准确记忆，有很清晰的时间脉络。这并不代表要死记硬背，而是将个别历史现象联系起来。如明白军阀割据之祸害，便知道北伐的重要性。

构建历史框架就是从总体上把握历史知识结构，了解历史教材所叙述的主要历史内容。历史的发展有一定的规律，这一规律就注定了历史发展过程有章可循，也为我们构建历史框架学习法提供了依据。

中学历史包括中国史与世界史两大部分，它的总体框架构成了中学历史知识的课本体系，现列表如下：

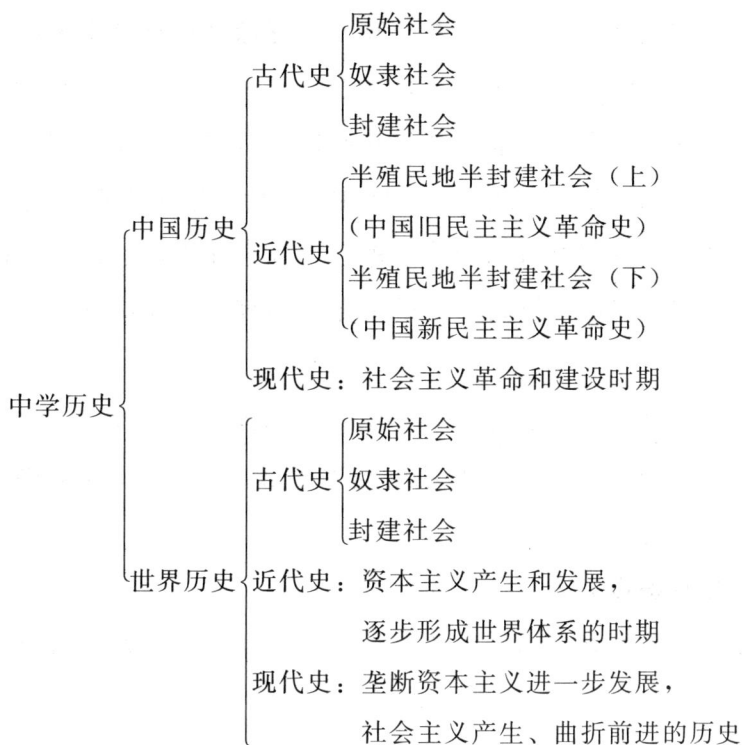

中学历史
- 中国历史
  - 古代史
    - 原始社会
    - 奴隶社会
    - 封建社会
  - 近代史
    - 半殖民地半封建社会（上）
    - （中国旧民主主义革命史）
    - 半殖民地半封建社会（下）
    - （中国新民主主义革命史）
  - 现代史：社会主义革命和建设时期
- 世界历史
  - 古代史
    - 原始社会
    - 奴隶社会
    - 封建社会
  - 近代史：资本主义产生和发展，逐步形成世界体系的时期
  - 现代史：垄断资本主义进一步发展，社会主义产生、曲折前进的历史

这个总体知识框架反映了中学历史学科的各个主要部分，每个部分都可以再按一定的标准进行分期，如中国古代奴隶社会，又可分解为四个时期：

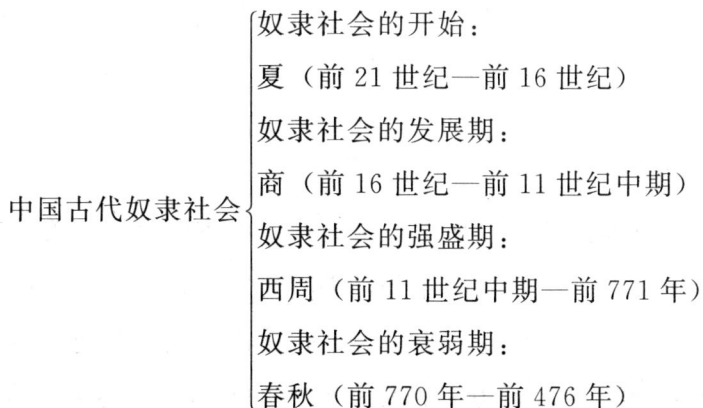

中国古代奴隶社会
- 奴隶社会的开始：夏（前 21 世纪—前 16 世纪）
- 奴隶社会的发展期：商（前 16 世纪—前 11 世纪中期）
- 奴隶社会的强盛期：西周（前 11 世纪中期—前 771 年）
- 奴隶社会的衰弱期：春秋（前 770 年—前 476 年）

如何掌握这个知识框架呢？如果只是背诵这样的框架体系，只要再复杂一些，就比较枯燥难记。想要理解，好像又没有文字说明。因此，要真正掌握它，就要动脑动手，亲自给它做一个说明，或者将它扩充，即进入体系去研究一番，才能将它印在脑子里，并理解它的结构。在说明扩充时，要将时间、分期标准（为什么这样分期）、分期标志、最主要的线索弄清楚并写出来，就可以较全面地理解这样的框架了，然后，可通过回忆，将它（包括扩充的内容）复述出来，就能基本掌握了。

另一种方法是自己通过综合与归纳先依据课本写出线索（如中国古代封建社会政治史），然后，再将它与参考书或者老师上课时讲的内容对照、修改、充实。

二、历史知识巧记忆

学习历史是找线索，而历史年代往往是贯串历史事件、历史现象的那一根线。下面介绍历史年代的四种记忆方法。

1. 理解记忆

只有了解和掌握历史事件之间的内在联系，才便于记忆。这是记忆历史年代的主要方法。例如，第二次国内革命战争时期发生的几件大事，我们如果能够把它们按照先后次序排列起来，并理解它们之间的前因后果，这样就会自然地记住它们发生的年代，不至于把先后次序颠倒错乱。

2. 循环记忆

就是多次反复地出现，以加深记忆。像一些重要年代、关键性年代，或起着历史"路标"作用的年代，必须反复记住，才会掌握历史发展大的阶段。例如，公元前475年与公元1840年既是封建社会的起迄年代，也是社会分期起历史"路标"作用的年代，像这样的年代，非反复记住不可。

3. 隔年推算法

即运用已经掌握的知识，进行年代推算，借以帮助记忆。例如，得知世界近代史比中国近代史开始（1840 年）早 200 年，经推算，得出世界近代史开始于 1640 年。世界现代史比中国现代史开始（1919 年）早两年，经推算，得出世界现代史开始于 1917 年。

在近代史上，差不多隔 10 年就有一次大规模战争可记：1884 年至 1885 年（中法战争）、1894 年至 1895 年（甲午中日战争）、1904 年至 1905 年（日俄战争）、1914 年至 1918 年（第一次世界大战）。

4. 数字特征记忆法

一些历史年代在数字排列上有特征，一经揭示，有助于记忆。如具有自然数特点的年代：220 年（魏国建立）、221 年（蜀国建立）、222 年（吴国建立）；1004 年（澶渊之盟）、1234 年（蒙古灭金）、1789 年（法国资产阶级革命）。

还有史实相异数字相同特点的年代，这些年代有联想记忆的作用。

例如：公元前 476 年与公元 476 年——前一年代我国奴隶制结束，后一年代西欧奴隶制崩溃；公元前 221 年与公元 221 年——前一年代秦统一中国，后一年代蜀国建立；公元前 208 年与公元 208 年——前一年代陈胜吴广起义失败，后一年代赤壁之战；1789 年 7 月 14 日与 1889 年 7 月 14——前一时间法国资产阶级革命开始，后一时间第二国际成立；1894 年甲午中日战争，兴中会成立；1905 年同盟会成立，日俄战争结束。

记忆历史年代的方法，不能仅限于上面几点，还可用制作图表、编成歌谣、背诵口诀等方法，需根据自己的实际情况而定，以达到牢固掌握历史知识的目的。

三、多联想多巩固

联想是指由所感知或所思考的事件、现象或概念的刺激而想到与之有关的事件、现象或概念的思维过程。记忆必须以联想为基础，联想是打开记忆大门的钥匙。

如在学习隋唐民族关系时，就要想到魏晋南北朝时、宋元时、明清时的民族关系状况如何；学习开元盛世，就可想起文景之治、光武中兴、贞观之治等盛世现象；学习明清资本主义萌芽出现，就会想到此时期西方资本主义萌芽的情况；学习唐朝科举制选拔官吏就能想到今天中国对干部的考核选拔制。以上就是联想的几种方法：纵横联想、中外联想、古今联想等。

巩固历史知识有很多种方法，比如：可以自己编故事，根据某一个历史名人，先了解一下他所生活的那个时代背景，并根据他的一些事迹，自己可以想象一下他的成长经历，要学会跳出课本给这些历史名人编故事。这样，不仅可以丰富你的想象能力，而且可以加深对一些历史人物的印象。

基于诸多的客观因素，在初中时你不可能有太多的时间用来学习历史。所以，一定要学会巧学、巧记。

四、历史复习重"十会"

1. 会用"眼"

在课本上都有篇、章、节的题目和黑体字标题（题目不足时还可以自加标题）。人常说，题目是文章的眼睛，用上这个眼睛就知道了文章的一段内容。有时候，题目本身就是一道小题。大题目包括小题目，小题目再包括小题目，即形成母纲、子目、孙目，纲举目张，提纲挈领地学习到知识。

2. 会穿串

历史事件，不是孤立的，而是连锁反应的，因此学习历史，要会理出线索，顺理成章地穿起串来。把一个历史重大事件与有关的小事件穿成一串，复习时自然会理出线索，在连锁反应的情况下，才不会遗漏。

3. 会取舍

对于有关重要历史事件和重要历史人物的时间、地点、人物、事件这4个历史基本要素是要掌握和牢记的，至于文字只要领略其精神就可以了。历史事件的前因后果、内容、意义、经验、教训等，可以分列数点。

4. 会伸缩

长篇的文章可以缩写或概括写。历史人物、历史事件也可以浓缩其时间、地点、人物、事件为一个填充题或名词解释。同样的内容也可伸长为一个大的问答题。能如此，就算学活了，即使死记硬背也可以大大地减轻负担。

5. 会对照

这包括中外对照、古今对照、双方对照、人与人、事与事的对照等。把相关的、相近的、相似的、相反的历史事件、人物、时间、地点等对照类比，对照其异同，总结出特点，就好记了。

6. 会看图

重大历史事件的发生和重要历史人物的活动是离不开地点的，因此会看历史地图，搞清空间概念，也是学好历史知识必不可缺的一个方面和方法。学习方法是边学课文，边看地图，要注意路线和箭头，分清区域界线，牢记与人物、事件有重大关系的地点。

7. 会记年

记年代是个老大难，但不能视为畏途，不敢去走。现在走出的路有效的也有几条。在文字中涉及的许多年代中，每次挑准必记的一两个，结合课文，反复学纪年表，由分散到集中，日积月累地记；以人物带记年代，或以事件带记年代，也是一种好方法；还有连锁记忆、分类记忆、中外联系记忆等多种方法，都有实际效果。

8. 会鉴今

我们学习历史也是以古鉴今的，所以学习历史必须紧密结合形势，服务于现实，从现时国际、国内形势的特点看历史复习的重点。有人说某人会猜题，其实并非会神机妙算，不过是会看形势而已。

9. 会正本

复习历史要拨乱反正，正本清源，以实事求是的精神看历史的本来面目。对历史事件要一分为二；对历史人物要功过分明，不能片面强调。

10. 会自测

历史课本共 6 册，每册学完都要进行一次练习测验，形式可以设计为填充、解词、改错、填图、问答等。测验完了，要讲评，总结经验教训。

博深地理，图文结合

地理学是一门研究地球表层自然要素与人文要素相互作用及其时空变化规律的科学。学习地理一定要把阅读课文同地图和课本内的插图紧密结合起来，才能加深对地理内容的认知和理解。

一、常读图

地图是地理学科独特的表达工具。它具有形象、直观的作用，又有综合的作用，可以培养观察力、想象力，发展思维能力和记忆能力，可以进一步明确地理事物的空间分布和时间分布、空间联系、空间组合。同时还要依照已有的地理知识填绘地图。

1. 中学常见的地图类型

（1）分布图

各种专题地图都载有一至几种主要地理事物的分布、数量、事物间的关系等空间信息，有的图用加上箭头的线状符号还可表示动态情况。例如在东南亚一节中，首先就提示在政区图上找出该区国家的位置，继而要我们看地形图，观察山脉、河流的分布。这就是说学地理先应该知道"在哪里""有什么"，然后分析事物的空间关系。由图例可知中南半岛地势北高南低，山脉由北向南延伸，大河多南流入海。也可由河流的流向推知地势的高低。该区河流下游多平原，进而分析自然事物与人文现象的关系，这里地处低纬，人们很早就利用优越的气候条件，在平原发展了农业。这里交通便利，人口稠密，许多城市傍河分布。

（2）示意图

这类图主要用来说明地理事物发生的过程、规律、原因和影响地理事物变化的各因素之间的关系。如"地球公转示意图"显示了地球公转在时间上的位置与二分二至日有严格的对应关系，并影响到地球上正午太阳高度和昼夜长短的变化。这类图多半是难点。

（3）景观图

这类图逼真地反映了地理事物的外部特征和关系。如"热带雨林"景观图，画有森林及动物。它形象地反映了热带高温多雨的气候——

森林茂密、食物丰富——大型动物不易在林中穿行，故林中主要是攀援动物和鸟类，而河畔则是大象、河马栖身和觅食的地方。

（4）统计图

用统计方法反映地理事物的组成。如四大洋洋面比较图、气温曲线和降水柱状图等，这类图也常与其他图配合使用。

2. 教你几招读图方法

（1）直观读图法：各种地理图表中，有些图表的内容是较浅显易见的，直观读图法多适用于讲地理事物的空间分布。如在讲我国降水量的空间分布时，可先让学生在地图上找到年降水量最大的地方——台湾的火烧寮和年降水量最小的地方——新疆的托克逊，然后在这两点间画一直线，再观察从东南向西北方向颜色的变化，便可知道"我国年降水量由东南沿海向西北内陆逐渐减少"。

（2）纵向联系法：学地理知识也和学其他知识一样，有一个循序渐进、由浅入深的过程。用联系法读地图，可知道新知识的来龙去脉。如中国气候特点之一的"气候复杂多样"，同学们只要在读好"中国温度带的划分""中国干湿地区"和"中国地形图"的基础上，把影响气候的诸因素联系起来，便可得出结论。

"疆域辽阔，南北跨纬度广，东西距海远近差别极大，地势高低相差悬殊，地形类型齐全、分布错综复杂是造成气候复杂多样的主要原因。"又如世界气候类型、亚洲主要山脉、高原与河流走向之间的关系等皆可用纵向联系法。

（3）横向对比法：学习地理时，特别是进行横向比较时，往往需要借助地图，这样容易掌握地理事物的特点及其成因等。如在学习南美洲的地势地形时，可与北美洲的地势地形相比较。通过读图便知道，北美洲和南美洲相似之处都是由三大地形组成；而南美洲不同于北美洲，南美洲西部为高大的山脉，东部是平原与高原相间分布，北美洲则是南北纵列的三大地形。这样通过观察、比较，加深对南、北美洲地势地形的认识。

二、学会"背"地理

只有把所学知识记忆并能清晰准确地回忆再现，才能联系知识和分析解决问题，进而形成能力。有的同学反映"地理很难背"。其实，只要掌握了正确的方法，初中的地理学起来是非常轻松的。

1. 地理知识记忆法

（1）加强横向联系。地理学科文理兼容，与其他学科的渗透性强。学习中借用已有的其他学科知识，在记忆上可以取得事半功倍的效果。例如，表示东西经、南北纬的英文单词 East、West、South 和 North 的首字母，则这一知识点不再会是学生记忆的难点。

（2）赋予记忆材料以一定的意义。例如，太阳系八大行星按距日远近的排列顺序，可处理成"水浸（金）地球，火烧木星成尘土，天王海王都叫苦"。

（3）编口诀。地理歌诀概括性强、趣味性强、韵律性强，朗朗上口，可以在短时间内轻松地记住大量的地理知识。例如，摩氏硬度记中，十种标准矿物按硬度由大到小的排列顺序歌诀："滑石方，萤磷长，石英黄玉刚"；中国陆上邻国三字经："朝俄蒙，哈吉塔，阿巴印，尼锡不，缅老越"；黄河干流流经省区（顺流而下）歌诀："青川甘宁内蒙古，晋陕过后入豫鲁"；长江干流流经省区（溯源而上）歌诀："沪苏皖赣湘鄂渝，川云藏青至源地"。

（4）构建知识结构。理清各个知识点间的从属关系，把同类或相关知识归纳整理成为系统化、条理化、综合化的知识结构，可实现整体记忆，提高记忆效果。

2. 地名巧记忆

地名于地理学科的重要性，如同外语中的单词一样。牢固地掌握地名，能在图上确定它们的位置，是学习地理的基本要求。

（1）区分主次，区别对待

初中地理课本中的地名虽多，重要性各不相同，大致分为三级。

一级地名是最基本的，包括世界的大洲、大洋，各洲主要地形区、重要河湖、海峡、海湾、边缘海、大的群岛、半岛及岛屿。中国的省级行政区（包括简称）、行政区的政府驻地、主要地形区、河湖、岛屿、濒邻的海洋、邻国等。应达到能在空白图中绘出的程度。

二级地名是世界地理重点讲授的国家、首都、重要城市和港口，起重要作用的地形（如恒河平原）、资源产地（如北海油田、纽芬兰渔场）。中国的资源产地、主要工业基地及城市、主要河港、海港、铁路枢纽、主要农业基地（如九大商品粮基地）、著名的游览胜地。

三级地名使用频率低，如卑尔根可不记。

（2）运用地图记忆

地名与地图有难解之缘，初学地名，一定要在图上找出正确的位置；注意它与"左邻右舍"的关系。如长江中游干流呈"W"形，武汉位于中间转折处，西与东边的拐弯处分别是洞庭湖和鄱阳湖。

此外运用地图"旅行"的练习，如选择从北京到重庆乘火车南下，可把途经的城市、山河等地名联系起来，便于记忆。

（3）联系地名的意义记忆

如死海是因含盐量高而无生物生存而得名。还有的地名涉及语源关系。如 LosAngeles（洛杉矶）——西班牙"天使们"之意，表明从西班牙进入中美洲后来到这儿，以西班牙语命名。而 Chicago（芝加哥），这里的 Chi－不念"芝"，念"希"，语出印第安语。地名来由会增强符号刺激有助记忆。

3. 归类记忆

把同类的或易混淆的地名归在一起，如宜昌——宜宾、巴基斯坦——巴勒斯坦等。还可创造方法，如编顺口溜；联系新旧知识，记此忆彼；眼、手、口并用等都有效果。

4. 游戏记忆

通过打谜语学地名，如银河渡口——天津；双喜临门——重庆等。还可以通过其他方式的游戏记忆地名。

三、对地理概念、原理与事物特征的学习

1. 对地理概念要明确

在学习地理时，要重视概念的学习，要对所有的地理概念一一消化、理解、吸收，不能一知半解。因为地理概念是学习地理科学的基础，它是发现地理问题的基础，又是解决问题的重要手段，只有概念清楚了，才能准确判断、科学地运用地理逻辑推理问题。要把那些特别容易混淆的概念罗列出来，一一对比其差异。俗语说得好：理不辩不清，事不比不明。诸如：天体、天球，日冕，近日点、远日点，恒星日、太阳日，角速度、线速度，时区、区时，短波辐射、长波辐射，气旋、气团，天气、气候，寒潮、寒流，矿物、矿产、矿床，岩溶、熔岩，生态系统、生态平衡、生物群落，地质作用、地质构造，国土、领土等等，不但要概念的表面文字相比较，而且需要其内涵与外延全面的比较，当然，概念学习不是孤立的，要在分析和解决问题的过程中进行。

2. 对地理原理及过程理解要清

从基础知识抓起，扎扎实实，一步一个脚印地过"地理原理"关。地理事物的发展及变化，总是遵循着一定的地理规律和地理原理，通

过事物之间的关系形成了前因后果。如：地球表面热量分布不均的原因，四季、五带的产生和划分的依据，海陆热力差异形成的季风与季风气候；气温与气压的关系，海拔与气温、气压的关系，空气的水平运动与垂直运动的成因，水循环的动力及其过程，内力作用与外力作用的发生及其变化机制，生态平衡的条件，光、热、水、土对农业生产的影响，影响工业布局的因素，人类与环境的对立统一等等。只有掌握了这些原理、法则和规律，并且顺着规律深入地挖掘，才能使自己学习地理的兴趣与潜力得到整合，分析事物有了说服力。

3. 对地理事物特征要懂得综合与联系

综合性即地理环境的整体性、统一性，就是地理环境各要素之间内在的联系及其相互影响、相互制约的关系，综合又是对地理事物特征的全面概括。例如：为什么亚马孙河流域成为世界上最大的热带雨林？首先概括高温多雨的热带雨林的综合特征，然后体现各要素之间的紧密联系，即说明热带雨林不仅仅是纬度决定的，与大气环流、地形结构、洋流影响也有密切关系。西欧为什么成为典型的温带海洋性气候？影响因素也是多方面的。所以在学习地理知识的同时，我们要从多角度、多层次、全方位综合性分析问题，有计划地做一批综合性典型训练题。如：学习中国地理中的长江这个知识点时，就要围绕与长江相关性的各要素全方位拓展开，河流径流量与补给源、气候、地形、植被相关联系，径流量的过大或过小又会导致旱涝的发生，此外还要学习从自然因素到经济因素全面考虑问题的方法。总之，地理环境是一个整体，要注意各因素之间的内在联系。